高校思政教育工作理论创新研究

陈　旭　刘宁宁　杨若琳 ◎著

线装书局

图书在版编目（CIP）数据

高校思政教育工作理论创新研究 / 陈旭，刘宁宁，杨若琳著. -- 北京：线装书局，2022.8
ISBN 978-7-5120-5146-1

Ⅰ. ①高… Ⅱ. ①陈… ②刘… ③杨… Ⅲ. ①高等学校－思想政治教育－研究－中国 Ⅳ. ①G641

中国版本图书馆CIP数据核字(2022)第171597号

高校思政教育工作理论创新研究
GAOXIAO SIZHENG JIAOYU GONGZUO LILUN CHUANGXIN YANJIU

作　　者：	陈　旭　刘宁宁　杨若琳
责任编辑：	林　菲
出版发行：	线 装 書 局
地　　址：	北京市丰台区方庄日月天地大厦B座17层（100078）
电　　话：	010-58077126（发行部）010-58076938（总编室）
网　　址：	www.zgxzsj.com
经　　销：	新华书店
印　　制：	北京四海锦诚印刷技术有限公司
开　　本：	787mm×1092mm　1/16
印　　张：	10
字　　数：	226千字
版　　次：	2023年5月第1版第1次印刷
定　　价：	54.00元

线装书局官方微信

前　言

　　思政教育是高校的重要工作任务，高校教育工作者必须以创新为武器，充分发挥思政教育的积极作用，推动高校教育工作新发展。良好的实效性是大学生思政教育的出发点与目标。提升高校思政教育实效，应在增强教师的政治岗位、内涵建设、形式开展上下功夫。高校大学生思想政治教育工作的服务主体是大学生，行动主体是高校和思想政治教育工作者。教师是落实与践行思想政治教育工作的重要责任人，思政教师思想觉悟和教育教学水平将直接影响高校思想政治教育整体水平。同时，教师存在必然的潜移默化作用。大学生正处在建立完善认知和价值判定的重要阶段，教师的思想价值观将直接对学生价值观产生影响。简言之，如果思想政治教育人员的思想觉悟和教育水平不过关，高校思想政治教育必然无法达到预期的教育成效。

　　高校思政教育工作队伍必须具备一定的专业知识和工作经验，需要懂得思想政治工作的规律和特点。这就需要我们去学习、钻研和掌握，不断地丰富它的内容、把握它的规律、研究它的方法。本书从高校思政教育的基础理论介绍入手，针对高校思政教育工作的原则以及提升方法进行了分析研究，还对学生学风培养及高校思政教育工作队伍建设提出了一些建议。书中语言简洁、知识点全面、结构清晰，对高校思政教育工作理论创新进行了全面且深入分析与研究，充分体现了科学性、发展性、实用性、针对性等显著特点，帮助其工作者在应用中少走弯路，运用科学方法，提高效率。

目 录

前　言 ··· 1

第一章　高校思想政治教育总论 ··· 1

第一节　高校思想政治教育的概念 ·· 1
第二节　高校思想政治教育工作的重要性 ·································· 5
第三节　高校大学生思想行为的特点 ····································· 11

第二章　高校网络思政教育工作的原则 ······································· 17

第一节　针对与实效相结合的原则 ······································· 17
第二节　理论与实践相结合的原则 ······································· 22
第三节　疏导与防堵相结合的原则 ······································· 29
第四节　自律与他律相结合的原则 ······································· 34

第三章　高校思政教育质量提升方法 ··· 40

第一节　提高课堂教学质量 ··· 40
第二节　提升校园文化氛围 ··· 47
第三节　挖掘优势网络资源 ··· 54
第四节　加强学生公寓管理 ··· 59

第四章　高校学生学风培养创新 ··· 62

第一节　高校学风建设概述 ··· 62
第二节　高校学风建设途径 ··· 64
第三节　高校学生学习能力培养 ··· 68

第五章　高校团建与社会实践的创新 ··· 73

第一节　高校团建工作 ··· 73
第二节　新形势下高校团建工作创新途径 ································· 76
第三节　高校学生社会实践 ··· 80

第六章 高校思政教育工作队伍建设 ·············· 85

第一节 思想政治教育工作者的素质提升 ·············· 85
第二节 思想政治理论课教学队伍建设 ·············· 88
第三节 思想政治教育辅导员队伍建设 ·············· 90
第四节 思想政治教育兼职队伍建设及思考 ·············· 92

第七章 高校思政工作协调整合 ·············· 99

第一节 高校思政工作协调与整合的含义及内涵 ·············· 99
第二节 新时代高校思政工作协调与整合的必要性 ·············· 107
第三节 新时代高校思政工作协调与整合的路径 ·············· 112

第八章 大数据时代高校思政工作协同育人 ·············· 123

第一节 高校思政工作协同育人的理论基础 ·············· 123
第二节 大数据时代高校思政工作协同育人的内涵 ·············· 126
第三节 大数据时代高校思政工作协同育人的对策 ·············· 137

参考文献 ·············· 150

第一章 高校思想政治教育总论

第一节 高校思想政治教育的概念

一、大学生思想政治教育的基本概念

（一）思想政治教育

思想政治教育活动自有阶级社会以来就一直存在，它是人类社会实践和阶级斗争的一项重要内容。各种类型的思想政治教育，其差别只是在政治方向、内容和方法上的不同。中国共产党诞生后，在很长一段时间里沿用各种不同的提法，但在不同时期，使用的重点概念有所不同。从思想政治教育这一概念的演变过程看，政治工作、思想工作、思想政治工作、思想政治教育、政治思想工作这几个概念有着内在的紧密联系，在实际工作中，很多时候是被人们当作同一概念使用的。

学术界对思想政治教育的内涵有着不同的看法。有的观点认为，思想政治教育就是政治思想教育，是为实现人的政治社会化而进行的教育。这里把重点放在政治思想、观念和行为的培养教育上。有的观点认为，思想政治教育主要是进行思想道德教育，促进和加强人的道德修养，培养高尚的道德品质。还有的观点认为，思想政治教育包括思想教育、政治教育、道德教育和心理教育等，内容相对要宽泛。

把握思想政治教育的内涵就要根据"思想""政治""教育"这三个核心词来分析。思想是思维活动的结果，属于理性认识，一般也称"观念"。人们的社会存在，决定人们的思想。关于政治的论述是思想政治教育的定义中比较一致的地方。教育区别于工作，思想政治教育是思想政治工作的一个组成部分，思想政治教育是思想政治工作的主要内容。

（二）大学生思想政治教育

思想政治教育是一种教育实践活动。教育是社会按照一定的需要培养合格的社会成员的实践活动。思想政治教育有广义和狭义之分，狭义的思想政治教育专指学校教育。大学生思想政治教育是指高等院校按一定的社会要求，有目的、有计划、有组织地培养学生的思想品德、政治素养和心理素质，使他们形成符合一定社会所要求的社会实践活动。

高等学校要把人才培养作为根本任务，要把思想政治教育摆在首要位置，贯穿于教育教学的全过程。教育的根本任务是育人，教育要坚持以学生为本，强调学生在教育当中的主体地位，使思想政治教育成为大学生内在的强烈的需求。这就要把思想政治教育做到大学生的心里去，要贴近实际、贴近学生，努力提高思想政治教育的针对性和实效性。

（三）大学生思想政治教育主要任务

高校思想政治教育的内容十分广泛，这些内容共同构成了大学生思想政治教育的主要任务。

第一，要以理想信念教育为核心，进行正确的世界观、人生观和价值观教育。人总是要有点精神的，理想信念是人生的精神支柱和动力源泉。要积极引导大学生不断追求更高的目标，确立马克思主义的坚定信念；要教育大学生树立在中国共产党领导下走中国特色社会主义道路、实现中华民族伟大复兴的共同理想和坚定信念。世界观是人们对生活在其中的世界以及人与世界的关系的总体看法和根本观点。人生观是世界观的重要组成部分，是人们在实践中形成的对于人生的目的和意义的根本看法，它决定着人们实践活动的目标、人生道路的方向和对待生活的态度。价值观是人们关于什么是价值、怎样评判价值、如何创造价值等问题的根本观点。世界观、人生观和价值观教育对于大学生思想政治教育是非常重要和必要的，它符合大学生这个年龄段的认知特点，对于大学生正确看待自己、人生和社会有着至关重要的意义。

第二，要以爱国主义教育为重点，突出弘扬和培育民族精神教育。爱国主义是中华民族的优良传统，是中华民族生生不息，自立于世界民族之林的强大精神动力。"以热爱祖国为荣，以危害祖国为耻"，做一个忠诚的爱国者，是对当代大学生的基本要求。中华民族是富有爱国主义光荣传统的伟大民族，在五千多年的历史发展中，形成了以爱国主义为核心的团结统一、爱好和平、勤劳勇敢、自强不息的伟大民族精神。培育大学生的爱国主义精神，就是要让大学生了解祖国悠久的历史文化和优良传统，了解中国的基本国情，认清祖国的美好未来和自己的社会责任，培养爱国主义情感。爱国主义是一个历史范畴，有着鲜明的时代特点，在社会发展的不同时期、不同阶段有不同的具体内涵，随着时代的发展而不断注入新的内容。通过让大学生了解历史，懂得只有社会主义才能救中国，才能发展中国的真理，积极为社会主义现代化建设做好准备。

第三，要以基本道德规范为基础，进行公民道德教育。大学时期是人生道德意识形成、发展和成熟的一个重要阶段，在这个时期形成的思想道德观念对大学生一生影响很大。大学生要继承和弘扬中华民族优良道德传统，全面把握社会主义道德建设的核心、原则，自觉恪守公民基本道德规范，努力养成良好的道德品质。教育大学生了解道德及其历史发展，坚持以为人民服务为核心、以集体主义为原则，树立社会主义荣辱观，学习社会公德、职业道德和家庭美德，自觉遵守基本道德规范，努力提高思想道德素质。

第四，要以大学生全面发展为目标，深入进行素质教育。以大学生全面发展为目标，深入进行素质教育，就是以素质教育为依托，拓展大学生思想政治教育的内容，促进大学生思想道德素质、科学文化素质和身心素质的协调发展。促进大学生全面发展要十分重视大学生的心理健康教育。现代社会的竞争与发展，使大学生的心理问题日益突出，要根据大学生心理特点，有针对性地开展心理辅导，提高大学生的心理调适能力。

大学生思想政治教育内容包括政治教育、思想教育、道德教育、法制教育和心理教育等内容，是一个相互联系、互相渗透的统一体。同时，大学生思想政治教育任务的实现，需要坚持科学性、时代性和规范性的原则。

思想政治教育的科学性是指思想政治教育的开展要符合思想政治教育的规律，它是实现思想政治教育实效性的理论基础。根据思想政治教育的规律开展思想政治教育实践，是其科学性的基本要求，也是解决其低效问题的根本办法。以科学性为基础，充分发挥规范性与合情性教育优势，是增强思想政治教育实效性的重要途径。

思想政治教育的时代性是指思想政治教育内容要把握时代主题，不断拓宽教育领域，从符合时代要求的思想和观念中提炼鲜活的教育资源，不断赋予大学生思想政治教育以鲜明的时代特征、时代内容和时代风格。思想政治教育的时代性要求教育内容紧密联系当今时代重大现实问题和大学生的实际，使教育富有生机和活力。

思想政治教育的规范性是指思想政治教育在传统的理论教学和思想教育的同时，还应该以大学生全面发展为目标，注重加强民主法制教育，增强遵纪守法观念。规范性是实现实效性的有效保障，也是思想政治教育目标在思想政治教育对象法制意识和行为规范上的具体体现。

二、大学生思想政治教育的基本特征

大学生思想政治教育的目的就是要使大学生树立正确的世界观、人生观和价值观，成为有理想、有道德、有文化、有纪律的一代新人。大学生思想政治教育具有时代性、民族性和综合性的特征。

（一）大学生思想政治教育的时代性特征

大学生思想政治教育要紧跟社会发展要求，赋予鲜明的时代性特点。这一特点主要体现在大学生思想政治教育的内容上。教育内容中包括当前党的路线、方针、政策等这些现实的教育内容，以及这些内容的理论来源和现实依据，这些构成一个具有内在联系的系统。思想政治教育也只有融入现时代的理论内容，理论教育才具有的生命力，才更容易被大学生掌握。时代性特征体现在思想政治教育内容中，就是要使理论联系实际。这就要求思想政治教育者有高度驾驭理论与解决实际问题的能力。才能处理好实践中的热点与难点，使思想政治教育更具有说服力。

（二）大学生思想政治教育的民族性特征

民族是一种自然的历史存在，是人类社会性存在的一种形式。中华民族在几千年的历史发展中形成了稳定的民族情感和丰富的民族文化，进而成为思想政治教育的重要内容。中华民族精神博大精深、源远流长，是中华民族生命力、凝聚力、创造力的不竭源泉，是大学生思想政治教育的重要组成部分。

（三）大学生思想政治教育的综合性特征

大学生思想政治教育内容是一个综合性的教育内容。综合运用马克思主义理论，对大学生进行理论教育。思想政治教育是做人的工作，要运用包括哲学、政治学、教育学、社会学、历史学和伦理学等多学科的教育内容，开展丰富多样的教育。同时，还要综合协调各方面的力量和综合利用各种教育途径和方法，实施思想政治教育。以上都体现出了思想政治教育的综合性。

思想政治教育教育大学生用科学理论武装头脑，自觉抵制各种错误思潮和腐朽思想侵蚀，帮助青年学生适应社会生活。大学生思想政治教育的作用表现在引导、激励和调节三方面。

1. 引导作用

思想政治教育明确体现出社会发展和人的发展的价值导向性。大学生思想政治教育的内容，启迪大学生的思想觉悟，提高他们的认识能力，引导他们认清社会发展的方向，确立行为选择的正确方针和目标。使大学生确立正确的政治方向，树立正确的世界观、人生观和价值观，按照历史发展的必然要求和时代的需要改造和发展自身。

2. 激励作用

思想政治教育就是要激励广大学生朝着坚定正确的政治方向不断进取。通过系统完善的教育内容和灵活多样的教育方式，激发广大学生饱满的政治热情、坚强的学习意志、积极地进行工作，为社会主义现代化建设而提高自己，发展自己，完善自己。

3. 调节作用

思想政治教育通过多种教育方式，告诉大学生什么是正确的、合法的、应该倡导的，什么是错误的、不合法的、应抵制的，提高大家识别真假、曲直、是非的能力，抵制腐朽思想的侵蚀，防止不正当行为的发生。通过表彰先进、树立榜样、调节大学生的思想与行为。

第二节 高校思想政治教育工作的重要性

高校思想政治教育是我国高等教育的重要组成部分。加强大学生思想政治教育，促进大学生全面和谐发展，对培养合格社会主义接班人和大学生健康成长具有重要意义。

一、大学生思想政治教育的重要性

（一）大学生思想政治教育是必然的

社会主义现代化的进程在很大程度上取决于国民素质的提高和人才资源的开发。加强和改进高校思想政治教育工作是实现社会主义现代化建设的必然要求。

1. 人才是建设中国特色社会主义事业的保障

当今时代，知识经济方兴未艾，科技竞争日趋激烈，人才在社会发展中的作用越来越重要。人才成为我国经济社会发展第一资源。在知识经济时代，知识将成为占主导地位的重要资源和生产要素，知识对经济的发展比以往任何时候都具有更大的推动作用。高素质人才必然成为一种重要资源。人才作为先进生产力和先进文化的重要创造者，是生产力中最活跃的因素。只有重视人才资源这个经济社会发展的第一资源，才能更好地推动经济社会发展。当今世界，国家之间的竞争从根本上说是人才的竞争。立足我国的基本国情，要实现跨越式发展，必须走人才强国之路。坚持发展依靠人才，可以缓解自然资源过度消耗的压力，发挥我国人力资源丰富的优势，为中国特色社会主义事业提供强有力的人才保证。青年人才是人才资源中的重要组成部分，代表未来人才发展的方向。青年人才是我国人才发展的后续力量，要大力发掘和培育青年人才，不断充实到我国人才队伍中，为建设中国特色社会主义事业提供人才保障。

改革开放以来，我们党在高度关注经济建设的同时，更高度关注人的发展，关注人的思想道德素质和科学文化素质、心理素质的全面提升。人才是实现社会发展的重要动力，是提升我国核心竞争力和综合国力的关键力量。人才问题是关系党和国家事业发展的关键问题，高素质人才在党和国家工作全局中具有重要的地位。

2. 高校是培育高素质人才的重要基地

高等学校是培养高层次人才和高素质劳动者的地方，是科技创新的源泉。青年人才队伍的发展壮大为中国特色社会主义事业提供源源不断的人才动力。大学生是我国青年人才队伍的重要组成部分，是高素质人才的重要力量。中国社会主义建设的合格人才是有理想、有道德、有文化、有纪律，面向世界、面向未来、面向现代化的，因而除了给学生以知识教育外，还必须对学生进行思想政治教育。在大学生的成长过程中，思想政治教育对大学生健康成长成才起着主导性作用。思想政治教育是启迪人的思想、塑造人的灵魂的工作，是保证人才良好思想道德素质的有效途径。要让大学生认识并深刻理解自己所肩负的实现中华民族伟大复兴的历史使命。

思想政治教育能促使大学生精神需求的满足和精神生活质量的不断提升，思想道德素质和科学文化素质的不断提高，实现大学生的全面发展。大学生思想政治教育工作就是用建设中国特色社会主义理论武装学生头脑，用爱国主义、集体主义、社会主义的精神培养大学生，使之具有民族自豪感和时代使命感。只有切实加强和改进大学生思想政治教育工作，才能培养造就千千万万具有高尚思想品质和良好道德修养、掌握现代化建设需要的丰富知识和扎实本领的优秀人才，使大学生能够认识到自己所肩负的历史使命，并能够把它内化为自己的内心信念，成为为祖国的现代化事业奋斗的不断动力。

（二）大学生思想政治教育是大学生的内在需要

1. 大学生思想政治教育是大学生健康成长的内在需要

改革开放以来，中国社会主义现代化建设取得了举世瞩目的巨大成就，但也面临着不少发展问题，并不同程度上影响着大学生的思想状况。社会主义市场经济是同社会主义基本制度结合在一起的，是同社会主义精神文明结合在一起的，它要体现社会主义基本制度的要求，充分发挥社会主义的优越性。实践证明，发展社会主义市场经济有利于解放和发展社会主义社会的生产力，增强社会主义国家的综合国力，提高人民的生活水平，也有利于增强人们的自立意识、竞争意识、效率意识、民主法制意识和开拓创新意识，调动人们的积极性和创造性，推动社会的道德进步。

2. 大学生思想政治教育是大学生成才的内在需要

大学生处在获取知识、发展智力的最佳时期，也是他们思想觉悟、道德情感发展最积极的时期。在大学生成长成才的关键时期，必须有健康的思想、高尚的精神、良好的情操和在此基础上形成的克服种种困难的毅力等。这一切有赖于有效的大学生思想政治教育。思想政治教育帮助大学生形成正确的世界观、人生观和价值观。思想政治教育可以使大学生正确处理德与才的关系，自觉坚持加强思想道德素质修养与学习科学文化知识的统一，把思想道德素质修养与学习科学文化知识结合起来，进而促使综合素质的全面提高。

思想政治教育能促进大学生早日确立成才目标。个人发展应该与社会进步相一致，正确的成才目标应该符合所处时代的条件、尊重社会发展规律、顺应时代潮流。思想政治教育引导大学生思考上大学与人生理想的关系，帮助大学生正确认识自身肩负的责任和使命，促使大学生立志成才。大学生有了方向，就有了对自己的明确要求，就能集中时间和精力学习、提高和发展自己。选择正确的成才目标对大学生成才具有举足轻重的作用。因此大学生成才目标的选择一定要坚持服务社会、奉献祖国和人民的正确方向。识别人才要坚持德才兼备原则，而品德、知识、能力和业绩则是衡量人才的主要标准。所以，正确的成才目标应该定位在符合德才兼备的要求之上。思想政治教育能帮助大学生用科学理论武装头脑，引导大学生树立正确的世界观、人生观、价值观、道德观及成才观，培养大学生的爱国情怀和优良道德品质。思想政治教育帮助人们树立正确的目标，把个人的选择建立在社会需求的基础上，把个人的才智兴趣充分地发挥在崇高的远大的目标上，从而实现自己价值，为国家民族创造出更高的价值。他们的思想道德素质、科学文化素养和身心素质如何，直接关系到人才强国战略的落实，关系到党和国家现代化事业。

当今时代给大学生提供了广阔的成才空间，在通往成才的道路上，必须有目标始终如一、不畏艰苦、勇于拼搏的实践行动。崇高的目标可鼓舞和引导大学生不断追求新知识、最大限度地开发内在潜力。思想政治教育帮助大学生学习掌握马克思主义的科学理论，并懂得把自身的学习同国家、民族的前途和命运紧密相连，始终以国家富强、民族振兴、人民幸福为己任，为大学生在成才之路上不懈奋斗提供正确指导和精神动力。

二、大学生思想政治教育的基本原则

（一）坚持教书与育人相结合

学校教育要坚持育人为本、德育为先，把人才培养作为根本任务，把思想政治教育摆在首要位置。充分发挥课堂教学在大学生思想政治教育中的主导作用。高等学校思想政治理论课是大学生思想政治教育的主渠道，是帮助大学生树立正确的世界观、人生观、价值观的重要途径，体现了社会主义大学的本质要求。形势政策教育是思想政治教育的重要内容和途径。高等学校哲学社会科学课程负有思想政治教育的重要职责。高等学校各门课程都具有育人功能，要把思想政治教育融入大学生专业学习的各个环节。

教师要以高度负责的态度，率先垂范、言传身教，以良好的思想、道德、品质和人格给大学生以潜移默化的影响。在教的过程中，教师是主体，只有教师这个主体把义不容辞的责任担当起来，充分发挥主动性、积极性、创造性，才能把教育工作做好。德育要坚持正面灌输，教师和其他教育工作者必须是社会上的先进力量，要充分依靠他们对学生进行共产主义理想和道德观念的灌输。如果孤立地、片面地强调学生的主体性而忽视教师的主体性，就会削弱教育者的使命感和责任感，对德育的有效进行是不利的。如果只传授知识而忽视培养的方向，这样的教育是失败的。要充分发挥教师的主体作用，就要求教师用自己的远大理想去激发学生的理想，用自己高尚的道德情操去陶冶学生的情操，用自己鞠躬尽瘁的工作态度去激励学生的献身精神，用自己严谨的富于创造性的治学态度去培养学生的科学精神和创新精神。这种潜移默化的育人方式是教师主体性自然而然的发挥，可以起到"润物细无声"的作用。学校把人才培养作为根本任务，就要把思想政治教育摆在首要位置，贯穿于教育教学的全过程，所有教师都负有育人职责。要深入发掘各类课程的思想政治教育资源，在传授专业知识过程中加强思想政治教育，使学生在学习科学文化知识过程中，自觉加强思想道德修养，提高政治觉悟。

（二）坚持教育与自我教育相结合

在大学生思想政治教育过程中，既要充分发挥学校教师、党团组织的教育引导作用，又要充分调动大学生的积极性和主动性，引导他们自我教育、自我管理、自我服务。教育是一种社会实践过程。它是由两个相互交织的并行过程所组成的：一个是教师（包括各种教育工作者）的教书育人（传道、授业、解惑）过程；另一个是学生的学习、成才过程。在教的过程中要充分发挥教师教的主观能动性，而在学的过程中则要充分发挥学生学的主观能动性，二者缺一不可。因此，教育不是一个单一的社会实践过程，而是由上述两个子过程交织而成的复合过程。

1. 充分发挥学生的自我完善作用

思想政治教育过程，实质上就是在教育者的教育影响作用下，教育对象思想政治品德形成发展过程，这一过程成效的最终标志是教育对象思想觉悟和认识能力的提高。学生是学习过程的主体，要达成德育的目标，归根结底还得靠受教育者发挥自己的主观能动性。教育者只能作为一种外部驱动力，所起的作用只能是外因的作用，只是变化的条件，教育对象才是内因，才是变化的根据。教育对象在接受教育影响的过程中，总是要根据自己已有的内在标准和思想基础对教育者传授的思想意识进行筛选、消化、改造，然后才能形成个体的思想意识，并逐渐转化为现实的行为。教育者要善于发掘和引导受教育者的内在需求，帮助他们形成以自我发展、自我完善的动机系统，产生自我教育的需要与动机，才会有自我教育的行为。教育者要善于在多种实践活动中，积极主动地为受教育者的自我教育创造条件，使其在实践活动中更好地进行自我教育，提高自我教育的能力。思想政治教育活动要想取得实效，必须充分发挥教育客体的内因作用，也就是说，必须充分发挥教育客体的主体性。在接受教育影响的过程中，只有充分发挥教育对象的主体功能，体现其主体性，才能真正内化、外化教育内容，形成良好道德品质，实现思想政治教育目标。

2. 重视大学生的自我教育

大学生要具备自我教育的能力，要求教育者在教育实践中要通过多种途径主动帮助和激发大学生主体能力的构建。自我教育法是指受教育者按照思想政治教育的目标和要求，通过自我学习、自我修养、自我反思等方式，主动接受科学理论、先进思想观念、社会生活规范，提高自身思想认识和道德水平的方法。要培养和充分发挥受教育者自我教育的主体作用，提高学生自我教育的意识。社会道德意识转化为个体的道德信念，必须建立在个体的自我体验基础上。思想政治教育活动和环境影响只有通过受教育者积极主动的内化活动，才能起作用。要培养学生自我教育的意识，以自己已有的文化知识、心理结构、道德水准积极主动地、有选择性地接受和处理个体和外部世界的关系。要帮助学生认识和发掘自身，提高学生自我发展和自我完善的能力，最终将社会的优秀品质内化为自己的品质，成为一个有道德、有修养的人才。

大学生要实现自我教育，充分发挥主体的能力，主要在以三个方面着手：第一，要打好坚实的理论基础。理论的学习是大学生思想政治教育中不可缺少的一环。理论教育法是思想政治教育最主要、最基本的方法，也是大学生打好理论基础最直接的方法。大学生只有具备坚实的理论基础，才能以正确的理论指引自己的行为，也才能在现实中明辨是非，为自己找准努力的方向。在当代复杂多变的社会生活面前，人们比以往任何时候更加需要科学的思想和理论来指导自己进行正确的选择和决策，以便更加有效地认识环境。第二，树立成功的榜样是大学生自我教育的一个有效途径。榜样示范法是指通过具有典型、榜样意义的人或事的示范引导作用，教育人们提高思想认识、规范自身行为的方法。榜样教育具有形象、生动的特点，它是理论与实际的有机结合。大学生用榜样的力量激励自己，在心中树立成功的典范，为自己指明努力的方向，会产生更强的感染力和说服力，在自我教育中收到很好的效果。通过典型事迹可以使大学生看到榜样的成功之处，明确努力方向，从而努力奋斗，在改造客观世界的过程中全面提升自己的思想道德素质。必须实事求是地选择对自己有影响力的典型，否则难以真正从思想到行动上得到认同，也起不到典型引导的作用。第三，坚持教育与自我教育相结合的方法，这是发挥教师主导性与发挥学生主体性原则在大学生思想政治教育中的贯彻落实。大学生还应借鉴历史上思想家们所提出的各种积极有效的道德修养方法，如学思并重的方法、省察克治的方法、慎独自律的方法、积善成德的方法、知行统一的方法等。自我教育是衡量思想政治教育是否有效的一个标志，也是大学生思想政治教育最终的归宿。

（三）坚持政治理论教育与社会实践相结合

大学生思想政治教育既要重视课堂教育，又要注重引导大学生深入社会、了解社会、服务社会。这条原则是要求理论与实际相结合，既注重马克思主义理论教育，又重视理论联系实际，在社会实践中提高大学生思想政治素质，促进知行统一。

大学生思想政治教育坚持政治理论教育与社会实践相结合，应注意以下几点。首先，要重视政治理论教育。政治理论教育是大学生思想政治教育的基础。其次，高校应开展形式多样的社会实践活动。社会实践是大学生思想政治教育的重要环节，对于促进大学生了解社会、了解国情，增长才干、奉献社会，锻炼毅力、培养品格，增强社会责任感具有不可替代的作用。高等学校要重视大学生社会实践，积极探索和建立社会实践与专业学习相结合、与服务社会相结合、与勤工助学相结合、与择业就业相结合、与创新创业相结合的管理体制。利用好寒暑假，积极组织大学生参加社会调查、生产劳动、志愿服务、公益活动、科技发明和勤工助学等社会实践活动。要重视社会实践基地建设，大学生在实践中能学到书本上认识不到的知识，实践中会遇到许多新情况、新问题，能进一步引导大学生思考，激发大学生研究的兴趣。社会实践基地的建立为大学生的成长提供了一个接触社会的窗口，使大学生在社会实践活动中受教育、长才干、做贡献，增强社会责任感。最后，要真正做到政治理论教育与社会实践的有机结合。理论与实践结合是中国共产党的思想政治教育的优良传统，大学生思想政治教育也要做到二者的有机结合。这就要求大学生思想政治教育要引导大学生掌握科学的理论，正确地认识世界，认识社会，同时，又要从实际出发，针对大学生的思想实际，结合时代背景和现实国情，开展思想政治教育。

（四）坚持解决思想问题与解决实际问题相结合

解决思想问题与解决实际问题相结合就是要求既讲道理又办实事，既以理服人又以情感人，增强思想政治育的实际效果。大学生思想政治教育只有关心大学生的实际生活，从解决大学生面临的实际问题入手，才能收到思想政治教育的实际效果。同时，教育工作者要带着情感进行交流。真挚的情感是开启学生心智的钥匙。教育工作者有了这种情感，就会自然而然地在工作中体现出来，这样才能更好地打动学生，赢得学生的尊重和信赖。

思想政治教育既要育人、引导人，又要关心人、帮助人。大学阶段，是人生发展的重要时期，面临许多诸如学习成才、择业交友、健康生活、求职就业等方面的具体问题。这些现实问题往往反映到大学生思想问题上来，要及时正确的帮助大学生解决实际问题，才能真正做到思想工作的实效性。加强对经济困难大学生地资助工作，高校通过国家助学贷款为主体，包括助学奖学金、勤工助学基金和学费减免在内的助学体系，帮助经济困难大学生完成学业。要帮助大学生树立正确的就业观念，建立健全大学生就业指导机构和就业信息服务系统。根据大学生的身心发展特点和教育规律，注重培养大学生良好的心理品质，增强大学生克服困难、经受考验、承受挫折的能力。积极开展大学生心理健康教育和心理咨询辅导，引导大学生健康成长。通过对大学生实际问题的解决，能够有效地化解他们的思想问题，真正做到解决思想问题与解决实际问题的有机结合。

（五）坚持教育与管理相结合

教育与管理相结合指把思想政治教育融于学校管理之中，建立长效工作机制，使自律与他律、激励与约束有机地结合起来，有效地引导大学生的思想和行为。教育与管理是大学生思想政治教育的两个重要方面，二者是相通的，是相互促进的，从某种意义上说，管理是一种有形的教育，教育是一种无形的管理。

坚持教育与管理相结合，要做好以下两点。第一，重视大学生思想政治教育人员的素质。大学生思想政治教育工作队伍主体是学校党政干部和共青团干部，思想政治理论课和哲学社会科学课教师，辅导员和班主任。学校党政干部和共青团干部负责学生思想政治教育的组织、协调、实施。思想政治理论和哲学社会科学课教师结合课程的内容、特点，侧重对大学生进行思想政治教育。辅导员和班主任按照党委的部署有针对性地开展思想政治教育活动，班主任负有在思想、学习和生活等方面指导学生的职责。辅导员、班主任与大学生朝夕相处，工作在教育的第一线，对大学生成长影响很大，作用不可替代。大学生思想政治教育工作者要率先垂范，为人师表，树立"身教重于言教"的理念，发挥榜样作用，提高自身素质。学生的成长是覆盖全校园的，广大教职员工都负有对大学生进行思想政治教育的重要责任。第二，建立科学的规章制度，实现教育与管理相结合。高校学生管理是指对大学生从入学到毕业这一期间学生学习、生活、行为规范的管理过程。学生的思想教育离不开具体的学习、工作、生活的管理，要做好学生思想教育工作，就必须制定相关的规章制度。同时，管理工作只有与思想教育紧密结合，才能取得最佳效果。在对学生实施管理的过程中，一方面要加强管理，另一方面要加强教育，才能不断提高管理水平。

（六）坚持继承优良传统与改进创新相结合

在继承党的思想政治工作优良传统的基础上，积极探索新形势下大学生思想政治教育的新途径、新办法，努力体现时代性，把握规律性，富于创造性，增强实效性。我们党在长期的思想政治教育工作中形成了一整套工作机制，积累了丰富的宝贵经验，比如理论联系实际，密切联系群众，批评与自我批评、先进性和广泛性相结合等方法和原则。这些内容反映了思想政治教育规律，在新时期新阶段仍然具有现实的意义。我国处在中国特色社会主义现代化建设的新时期，社会主义市场经济的深入发展，我国社会经济成分、组织形式、就业方式、利益关系和分配方式日益多样化，给大学生的思想观念、价值观念也带来一些影响。因此，我们要在继承和发扬党的思想政治教育优良传统和宝贵经验的基础上，认真研究当代大学生的思想行为特点，积极探索新形势下大学生思想政治教育的新途径和新方法，探索充实思想政治教育的新内容。

第三节　高校大学生思想行为的特点

大学生是党和国家的宝贵人才资源，加强和改进大学生思想政治教育，促进大学生全面发展，是建设社会主义现代化的必然要求。一个时代的青年有一个时代的鲜明特征，不同时代的大学生需要不同的教育方式。当代大学生在思想观念、价值取向、人生态度上显现出来的新变化，成为我们进行大学生思想政治教育工作的依据。

一、当代大学生的思想行为特点

我国高校大学生的年龄一般在 18～23 岁，正处于生理发育的成熟期和心理发展的过渡期。从生理上讲，大学生已经进入生长稳定期，骨骼系统发育逐渐完成，身体形态日趋定型，各器官各系统的机能日益完善。大脑皮层细胞活动增强，大脑发育逐渐成熟。大学生在生理状态上正接近人生的顶峰时期，观察敏锐，记忆力和逻辑思维能力增强。从心理上讲，大学生正处于迅速走向成熟而又未真正成熟的过渡阶段。大学生处于特定的心理期，这是我们研究大学生特点的生理基础。

（一）价值观比较务实

当代大学生思想行为特点的形成与当前社会现实的情况相关。大学生面对理想与现实，就业与择业等现实问题，他们深感压力重重，大学生需要建立自己的评判标准。改革开放以来，中西文化的碰撞，在价值观念领域中呈现出传统的和现代的、本土的和外来的观念同时并存的复杂局面。这种多元性的价值观使得社会生活异彩纷呈，但也可能引起大学生思想的混乱。很多当代大学生在对道德观念、思想意识、人生追求等价值取舍时，往往表现出现实主义倾向。大学生正处在世界观、人生观、价值观形成的关键时期，他们思维活跃，求知欲强，容易接受新事物、新思想，但由于缺乏政治和生活经验，尚未具备系统的、科学的理论思维和理论素养，面对纷繁复杂的社会思潮，他们辨别是非的能力不强，容易受一些不良信息或错误思潮的影响。

大学生价值观呈现多元化和务实化特点。在当代社会条件下，价值取向的多样性与人的个性化发展，使得一些学生不再用同一个价值目标来规划自己的人生发展，也不再用同一个价值尺度来评判自己和他人的是非得失。他们习惯于根据自己的需要来设定自己的价值目标，运用多样的价值尺度来看待他人和社会，体现了价值取向上的务实性，也表现出对社会与他人更多的宽容和理解，既有利于学生自身个性化发展，也有利于求同存异与和谐社会的建设。社会多样化是在人们价值取向多样化的推动下发展的，学生价值取向的现实，也使他们不再简单地以天真想法来对照社会现实和批判社会现实，而是更倾向于承认社会现实，更注重追求现实生活条件的实际改善。

（二）具有较强的竞争意识

社会主义市场经济体制的形成与发展，特别是人才市场的出现与扩大，使大学生的竞争意识不断增强。大学生也日益形成了把全面提高自身的整体素质，尤其是把能力发展作为自我发展核心内容的思想观念。处于市场经济和自主择业社会环境中的大学生，强烈地感受到毕业后要面向市场接受挑战，要到人才市场去竞争，面对社会的竞争要求，在学习、评优、考研、择业等方面，都表现出强烈的竞争意识。大学生对外界事物有着强烈的好奇心，同时，接受新生事物的能力也强。思维的求异性在大学生的学习活动中表现得比较明显，由于大学生视野开阔，思维开放，扩散性思维与想象力得到发展，不少学生在学习、生活、研究等问题上注重探索与求新。

为提高综合素质和基本技能，他们对各类拓宽知识面的课程的学习和各类上岗考证表现出极大的热情。为锻炼自己的各种能力，他们对担任各级学生干部和各类社团的组织者有强烈的愿望。学习与就业的压力使许多同学转向务实而忽视理想的憧憬和精神的追求。竞争，作为一种激励方式，促进学生积极学习、参与各种活动，提高自身素质以增强大学生的竞争实力。但也要看到，这容易使学生更重视能直接比较的有形因素与可量化因素，而忽视思想、政治、道德等难以量化的因素，以追求眼前、具体利益为目的，忽视长远目标的确立与追求。

（三）独立性明显增强

大学生在思想行为方面具有独立意识强、自主性强的特点。青年时期是个体发展的黄金时期，大学生不仅积极探索自己的内心世界，而且也将眼光投向社会。他们在自我意识的发展过程中，能根据自己的知识与经历对人生和社会问题进行思考，独立性和自主性表现得越来越明显。大学生有较强的独立意识，不轻易趋同，不喜欢别人过多地干涉和打扰，喜欢用与众不同的方式去获得外界的关注。这主要表现在思想上，自我意识与自信心较强，勇于阐明自己的观点，不拘泥于某种特定的方式，对于他们感兴趣的事有很高的参与度。大学生用自己的观点认识与评价事物，他们不喜欢家长、老师对他们进行过多的干涉，在心理上逐渐摆脱对成人的依赖感。

二、大学生思想政治状况的发展变化

大学生的思想政治状况在改革开放、高等教育改革发展等因素的相互影响、相互作用下，发生了巨大变化。研究大学生思想政治状况的发展变化，对于总结大学生思想政治教育经验，培养中国特色社会主义合格建设者和可靠接班人具有重要意义。

（一）大学生思想政治状况发展变化的现状

大学生的思想道德素质、科学文化素质和健康素质如何，直接关系到党和国家的前途命运，切实加强和改进大学生思想政治教育，是培养社会主义合格建设者和可靠接班人的必然要求。

改革开放以来，在党中央、国务院的正确领导下，各地和各高校加强大学生思想政治教育，当代大学生思想政治教育取得了显著成绩，为我国现代化事业的改革、发展和稳定做出了巨大的贡献。当代大学生思想政治状况积极、健康、向上，主流是好的。他们胸怀远大理想，勇于自立自强，乐于接受新生事物。我们也必须清醒地看到，面对国际国内形势的深刻变化，大学生思想政治教育既面临新的机遇，也面临严峻的挑战。经济全球化进程的进一步加快和我国对外开放的进一步扩大，为大学生了解世界、增长知识、开阔视野提供了更加有利的条件。从国内来说，社会主义市场经济体制的确立和完善，促进了我国的经济发展，与社会进步相适应的新思想新观念正在丰富着大学生的精神世界。与此同时，市场经济本身的消极因素也给大学生的思想带来不可忽视的负面影响。高等教育规模的不断扩大和改革的不断深化，要求准确把握当前学生思想、生活、学习的特点，有针对性地加强大学生思想政治教育。大学生由于正处于不成熟走向成熟的过渡时期，思想观念由简单转变为复杂，由封闭转变为开放，呈现出多元化、超前性、波动性等特征。在大学里出现了成长背景和生活经历不同、年龄不同、层次不同的大学生群体在生活和学习空间上的交织，价值多元化倾向突出，加大了高校思想政治教育工作的难度。随着社会主义市场经济体制改革的不断深化，大学生思想活动的独立性、选择性、差异性明显增强，要弘扬主旋律，广泛深入地进行爱国主义、集体主义和社会主义教育，引导大学生坚定中国特色社会主义信念。

总体而言，自改革开放以来，大学生眼界逐渐开阔，道德判断能力、道德行为等道德综合素质不断提高。大学生的思想道德状况和精神面貌始终保持积极、健康、向上的良好态势。大学生思想政治教育面临新课题，加强和改进大学生思想政治教育是一项极为紧迫的重要任务。

（二）大学生思想政治状况发展变化的原因

大学生的思想政治状况受制于社会存在，是对社会存在的一种反映。随着我国由计划经济体制向市场经济体制的转型，全球经济一体化，国外各种思想观念的涌入，打破了过去我国思想文化领域封闭的状态，传统与现代意识、东方与西方文化、主流与非主流文化等多种文化元素相互接触和撞击，整个社会文化呈现出多元并存的格局。

大学生的思想政治观念总是在一定的社会环境中形成的，高校是大学生系统学习和获得知识的重要场所，是影响大学生思想政治观念发展变化的关键因素。改革开放以来，高等教育改革取得了长足的进步。高等教育在办学体制、管理体制、就业制度和学校内部管理体制等方面实施了重要改革，这些改革不仅促进了高等教育的健康顺利发展，也给大学生的学习、生活和就业带来新的变化和压力。就业制度的改革为大学生的发展创造了广阔的空间，自强意识、成才意识、创业意识不断增强，但就业竞争和压力增大，少数大学生在遭遇就业的挫折后缺乏理性思辨和分析能力，易将一些社会消极现象当成社会本质。

大学生的思想政治状况发展变化的原因主要有以下几方面。首先，大学生自身特点是主观因素。大学生正处于生长期，往往由于身体发育的超前和心理发展的滞后，导致感性的认识多，理性思考较少，因而易出现价值认同上的被动性、易变性，人生价值的选择和判断比较容易受外界环境的影响。其次，外在环境条件是客观因素。市场经济快速发展，使得大学生的价值观念、消费观念也受此冲击和影响。中国在由传统计划经济向社会主义市场经济转换的过程中，个人利益与集体利益的矛盾明显增多，传统道德的力量逐渐削弱，新的道德体系没有成熟，社会的一些领域和一些地方道德失范。这些直接影响着大学生，使一些大学生在价值观选择、诚信意识、社会责任感和心理素质等方面出现了问题。大学生在坚持主流价值观的同时，价值取向呈现从一元到多元的发展趋势。伴随着改革与开放，非公有制经济和多种分配方式的迅速发展，急速变革着社会生产方式、利益格局和生活方式，社会的关系剧烈变动且日益复杂。此外，高校还存在着家庭贫困学生资助问题、大学生就业问题等。面对新的形势和任务，高校思想政治工作还存在许多不适应的地方和亟待加强的薄弱环节。最后，学校教育与社会现实存在脱节影响了大学生思想政治发展状况。校园内是倡导高水准的道德规范，社会中存在低水准的道德行为，校园内的长期教育其效果往往被校园外的短期误导所抵消。学校教育这种净化的环境，使大学生缺乏处理现实生活的能力，造成他们主观判断的失误，对其思想政治发展状况产生了一定的负面影响。

（三）大学生思想政治状况发展变化对大学生思想政治教育的深刻启示

1. 准确把握大学生思想政治状况

国际国内形势的深刻变化、社会主义市场经济的深入发展、高校改革的持续推进，使大学生群体发生着众多的新变化。面对新形势、新情况，大学生思想政治教育工作还存在不少薄弱环节。只有更加深入了解学生，知晓大学生关注的热点问题，准确把握大学生思想政治状况，才能使大学生思想政治教育工作进一步贴近学生的思想、贴近学生的实际，进一步增强思想政治工作的针对性、实效性。

2. 坚持以改革创新精神推进大学生思想政治教育

大学生思想政治教育要围绕"培养什么人""如何培养人"这一重大课题展开，把大学生培养成中国特色社会主义事业的合格建设者和可靠接班人，这就要求大学生思想政治教育适应形势发展变化需要，在继承优良传统的基础上不断创新和探索教育途径和方式。坚持不懈地用马克思主义中国化最新成果武装大学生，用中国特色社会主义共同理想凝聚大学生，用以爱国主义为核心的民族精神和以改革创新为核心的时代精神鼓舞大学生，用社会主义荣辱观教育大学生。要以科学发展观为指导，改革创新大学生思想政治教育，用社会主义核心价值体系引领大学生，实现大学生思想政治素质、科学文化素质、身心健康素质的全面发展，为社会主义事业贡献力量。

3. 努力优化大学生思想政治教育环境

人的思想、立场、观点和行为的形成过程，实际上是环境作用于人的过程。从大学生思想政治状况的发展变化中，可以看到社会环境和校园环境变迁对大学生思想观念的巨大影响。因此，我们要在社会主义精神文明建设不断前进的推动下，优化大学生思想政治教育环境。整合整个社会的思想政治教育力量，营造出大学生思想政治教育的良好社会环境。要在高校改革和发展的进程中，创新思想政治教育形式，构建活泼、健康向上的校园文化环境，让所有教职工都担负起对大学生的思想政治教育责任，实现全员、全过程和全方位育人。

4. 深入开展大学生思想政治教育理论研究

中国社会主义现代化建设对培养合格的建设者和可靠的接班人不断提出的新要求使大学生思想政治教育成为一个永恒的课题。改革开放以来，大学生思想政治教育的理论和实践取得了长足发展，为社会主义现代化建设提供了有力的支撑。但是，由于新问题、新情况的不断出现以及大学生思想政治教育理论研究仍然存在一些薄弱领域，大学生思想政治教育工作的实效性还不能完全令人满意。为此，必须开展大学生思想政治教育理论的研究，通过调查研究、经验总结、理论探讨等方式来把握社会主义现代化建设对大学生思想政治素质的要求，把握大学生在社会生活影响下所形成的思想政治素质的特点及演变规律和发展趋势，为加强和改进大学生思想政治教育提供理论支持和决策依据。

第二章　高校网络思政教育工作的原则

第一节　针对与实效相结合的原则

高校网络舆情与大学生思想政治教育工作必须注重针对性和实效性的结合。利用网络进行高校思想政治教育，就是因为网络不仅摆脱了时空的限制，而且能以更丰富多彩的内容去满足学生的不同需要。这就要求高校思想政治教育工作者不仅要"以人为本"，还要有针对性地解决学生的思想问题，只有在此基础上，才能实现网络舆情与大学生思想政治教育工作的较高实效性。

一、高校网络舆情与大学生思想政治教育的针对性

加强高校思想政治教育对网络舆情工作的针对性，就是要紧密联系现阶段大学生中存在的实际情况，根据大学生身心发展和所处教育阶段的特点，遵循思想政治教育的普遍规律，以适应大学生身心成长的特点和接受能力，有针对性地采取相应措施教育、引导学生。

（一）贴近学生实际

一要贴近时代。高校思想政治教育要拥有生命力，必须与时俱进，与时代同步。为了使大学生的参与兴趣更浓，大学生思想政治教育工作也要具有鲜活的内容。二要贴近生活。思想政治教育在网络舆情的生活化表现，才容易使学生在教育活动中接受思想政治教育的内容。他们对现实生活中的事件平时接触比较多，因而也能获得更好的教育效果。三要贴近学生需要。学生是教育的主体，高校开展的教育只有与学生的认知水平与道德水平相接近，才易被学生认可、接受，学生参与活动的主动性高，才能凸显思想政治教育工作的成效。

（二）引导学生树立远大志向

充分发挥思想政治教育课教学的主导作用，对学生进行辩证唯物主义和历史唯物主义基本观点教育、纪律法制教育和思想品德教育、政治教育，引导学生树立正确的世界观、人生观和价值观，增强法纪意识、道德意识。

（三）引领学生增强爱国情操

有针对性地以多种形式对学生进行爱国主义、集体主义和社会主义教育，弘扬和培育以爱国主义为核心的伟大民族精神。帮助学生提高思想觉悟，树立接班人意识，增强民族责任感，促使其为中华民族的伟大复兴而努力学习。在思想政治教育的网络上，加强历史与国情教育，通过古代史教育，增强大学生的民族自豪感，增强民族凝聚力；通过近现代史教育，让大学生了解到中华民族在争取民族独立和民族解放的过程中，浴血奋战，不屈不挠，从戊戌变法到辛亥革命，中华民族进行了艰苦而伟大的尝试，直至中国共产党带领中国人民推翻了三座大山，建设了社会主义新中国，增强青年大学生的民族自豪感和民族自尊心。让大学生认识到，在当今时代，什么是责任和担当。

（四）引导学生规范行为习惯

大学生活相对比较自由，学校除上课以外几乎没有做任何硬性要求，基本是以自治为主。通过思想政治教育来提高大学生的规范意识，虽在课堂教学内容上无法体现，但可以借助网络思想政治教育进行。高校要在大学生中树立榜样。榜样的力量是无穷的，如此，便可以起到激励的作用，不仅在行为方式上约束青年大学生，更要在规章制度上严格管理，形成良好的道德规范。如对学生班级实行综合量化考核，严格规范上网内容，充分发挥校园网络舆情思想道德教育的功能；对少数不务正业、屡教不改的学生，应巧妙借助心理学的力量，对学生进行科学合理的心理测试和分析，开展心理咨询，引导学生发掘自身的潜能，更好地适应学习生活等环境，保持身心健康发展。

（五）承担时代赋予的历史使命

青年大学生是具有较高知识层次、富含巨大潜力、富有创造性的群体，他们思想活跃，接受新生事物能力强，勇于承担时代赋予的历史使命。高校要根据这些特点设置不同阶段的教学方式和内容。每个学生的兴趣爱好都不一样，对于网络内容关注的程度也不一样，这就要求思想政治教育工作者网站上的内容多样化，层次性强，这一点是很容易做到的，也是加强高校网络舆情与思想政治教育工作的实效性的有效手段。

（六）积极向上的人生引导

青年大学生精力旺盛、思维活跃，喜欢发挥自己的价值作用，在网络舆情的环境中必须对他们进行积极向上的引导。充分反映大学生所关心的热点问题，关注时事政治，当前的政治经济形势，学生自身的问题，引导大学生正确看待这些问题，营造和谐校园、和谐身心、和谐人格。除此之外，要及时关注大学生出现的新问题，提高高校网络舆情思想政治教育的针对性。这就要求教育者多关注大学生，把大学生纳入自己的教学研究范围，不断提高网络教育的水平。

二、高校网络舆情与思想政治教育的实效性

网络对高校思想政治教育工作的实效性应当重视以下几方面的问题。

第一，打好高校网络思想政治教育的基础，是寻找网络舆情与思想政治教育的最佳契合点，树立教育新观念，确立利用网络为大学生提供更优质教育服务的工作理念。针对网络舆情走势，开设网上心理健康服务，充分利用网络的互动性、隐蔽性、多媒体性为大学生提供心理健康服务；开展网上调查，掌握大学生的最新情况；开展网上就业指导，提供就业知识服务。高校思想政治教育通过实事求是，多办好事实事，以更优质的服务对大学生进行潜移默化的教育和引导，才能彰显其强大的生命力，才能提升思想政治教育应有的效力。

第二，追踪网络热点，提高实际工作能力。积极追踪"网络热点""网络焦点"，充分发挥思想政治工作教育者的主观能动，不断提高把握网络信息动态变化的能力，提高在网络上与学生进行沟通的能力，将网络沟通与现实沟通有机结合是做好高校网络思想政治教育工作的重要保证。为此，教育者不仅要了解当代大学生的思维特质、思想状态、情感特点、发展特征，还应对他们的需求、希冀和爱好保持敏锐的洞察力，将网络沟通与现实沟通有机结合，增强沟通和交流的方式方法的艺术性、技巧性，使高校网络思想政治教育的亲和力大大增强；另外，网络与信息传播的多元性、广泛性，也必然引起大学生思想观念的解放。他们在积极地参与网络信息传播，发表言论讨论交流的同时，一方面启迪他们的民族思想由未成形潜意识走向更加成熟的现实思维模式，另一方面也为他们在未来的日常学习生活工作中添加民主的成分。

第三，总结亮点，推进工作交流。作为时代的新生事物，对于高校网络舆情与大学生思想政治教育工作我们既要善于、勤于总结与推广新鲜经验和好的做法，又要注意不断总结，推进交流，加以提高。

第四，加强形式创新。大学生思想政治教育不断推进教育形式创新是适应形势发展的需要。针对网络舆情，教育者要保持主导地位，及时主动地发布信息，或者根据学生的具体情况及早做出判断和采取措施，并且，教育者要和大学生实现互动，交流思想，解决实际问题。随着高校网络舆情研究的发展和大学生思想政治教育工作实践的逐步发展，如何提高并确保工作的实效性，将成为高校思想政治教育工作的重要命题。培育"舆论领袖"，培养一支新型思想政治教育队伍，进行网络舆情引导，把握舆情导向，及时、准确地进行信息发布，有利于在网络时代下，更好地开展大学生思想政治教育工作。舆情引导工作还要重视学生精神上的各种需求，要加强思想道德教育，引导学生向追求精神上的高层次需要过渡。

三、高校网络舆情的表现特征

网络舆情作为一种新兴传播媒介，以其独有特性，受到大学生喜爱，这既给高校思想政治工作提供了一个新的领域，也提出了新的挑战。要做好学生思想政治工作，就不得不

了解网络舆情的特征,把握其特征,因势利导,才能做好网络舆情下的学生思想政治工作。同普通的社会舆情相比,网络舆情的特征主要表现在以下几方面。

(一) 时间的突发性

在如今的网络时代,许多重大事件发生以后都会在第一时间通过网络被发布出来,网民也可以在第一时间对新闻事件做出评论,发表自己的观点。这种即时性和互动性特点,使高校网络舆情的形式表现为时间上的突发性。

(二) 内容的复杂性

网络舆情的复杂性主要表现为舆情内容上的多样性,舆情主体以及传播方式上的多元性。网络特有的信息量大、传播快捷等特点,使得高校大学生网络舆情的内容具有明显的多元性,无论是经济、政治抑或是文化等领域的方方面面的事件,都可能成为大学生们关注的热点问题,进而迅速通过多种方式形成网络舆情。

(三) 影响的广泛性

由于互联网独特的传播速度,使得网络舆情在传播和影响上突破了传统媒介在时间上和地域上的限制,拥有不可比拟的优越性,它可以在很短的时间内就将网络信息传遍世界任何有网络的地方。

(四) 主体的特殊性

由于高校网络舆情的主体主要为在校大学生,一般是由校园的论坛网站或者舆论客体有密切关系的大学生组成,所以其具有制造主体的少数性以及参与主体的广泛性相结合的特点。

可以说,大学生学习生活在高校之中,一般都处在人生观、世界观、价值观形成的关键时期,不成熟的心理、较少的社会阅历以及匮乏的政治经验,使得大学生在一些社会热点问题面前容易变得困惑和迷茫,进而形成带有情绪化和片面性的网络舆情,容易被别有用心的人所利用。因此,如何引导大学生正确地对待网络舆情问题就成为高校教育工作者的一个重要研究课题。

四、高校网络舆情对学生思想政治教育的影响

由于我国的法律体系和网络行业监管机制仍不完善,网络管理还缺乏足够的规范和力度,政策研究相对贫乏,在这一背景下,高校网络舆情为高校的思想政治工作带来巨大冲击。网络的开放性以及隐匿性的特点,使大学生在网络大环境中摆脱了现实社会中各种道德、法规的束缚,彻底地解放自我,一些平时不会涉及或是不敢发表的言论,会借助网络

这个大平台匿名发表，有时甚至不负责任地大放厥词，导致了网络舆情难以调控和管理，这就为高校思想政治工作的开展带来极大阻力。而网络的多元化，使一些错误言论和思想容易乘虚而入，对大学生的世界观、人生观和价值观造成很大冲击。这些都严重削弱、简化了思想政治工作的有效性。

网络舆情是一把"双刃剑"，虽然对众多负面化的网络信息可能为高校思想教育工作的开展带来诸多困难，但也不能完全否认网络舆情的全部功效。高校思想政治教育通过对学生的思想和心理状况进行调节和引导，并通过研究网络舆情的发展方向和动态变化，建立合理有效的反应机制，把网络舆情危机消除在第一时间，确保高校网络政治环境的和谐安定，在一定程度上能把高校的网络舆情引向积极方面。早在2004年，中共中央、国务院就下发了《关于进一步加强和改进大学生思想政治教育的意见》，明确提出了要求主动占领网络思想教育政治新阵地，全面加强校园网的建设，使网络成为弘扬主旋律，开展思想政治教育的重要手段。

五、高校思想政治教育在网络舆情环境下的应对举措

（一）加强大学生网络道德建设，将网络舆情引导与大学生日常思想政治教育相结合

高校要把网络舆情的引导提升到政治高度，始终注意用积极、科学的信息来占领网络舆论信息阵地。充分利用平日学生党团组织、社团等机构的工作，主动宣传国家政策以及一些能够充分反映社会"正能量"的事件，将网络舆情引导工作作为大学生日常思想政治教育工作的重要组成部分，从细微之处加以引导。

（二）加强网络舆情规范制度化建设，从根源处控制网络舆情

高校网络舆情的有效控制，最基本的就是要有一套完善规范的舆情控制机制。随着网络传播技术多元化发展，网民了解网络信息的渠道也在逐渐增加，一旦有信息不公开、不透明的现象产生，就很容易被广大网民误解，进而产生强烈言辞讨论，甚至最终发生严重后果。因此，高校网络舆情的控制及引导必须建有公开透明的信息发布制度。

（三）提升高校思想政治教育工作者的信息素养，建设舆情工作队伍

网络互动性的特点决定了高校思想政治工作者在进行思想政治教育工作时，不能再进行简单的单向式灌输教育，可以将思想政治教育的方向转为关注大学生关注的热点问题，寓学于乐，通过与大学生进行相关的热点问题的有效沟通，进而帮助大学生提升思想政治素养。

（四）优化网络舆情环境，建设强大的思想政治教育网络阵地

与其被动地接受良莠不齐的网络文化的影响，不如主动出击，建设一个具有强大吸引

力和凝聚力的思想政治教育网络阵地，大力弘扬社会主义核心价值观，主动为大学生营造一个健康、向上的网络环境，提升他们的人格心理，并形成良好的网上行为习惯。

（五）建立健全高校网络舆情交流平台

发泄敌对情绪可以起到安全阀的作用，也就是说发泄敌对情绪有利于维持既有的社会结构。将被压抑的敌对情绪发泄出来，可以起到维护关系的作用。基于此，高校思想教育工作者应着重注意为学生提供一个发泄情绪的良好通道，建立一个全方位的舆情交流平台。通过这个平台及时准确了解广大学生的最新心理动态，从而采取有效应急措施，正确引导学生的心理成长方向。

总之，高校网络舆情管理控制机制应形成一套"事前计划、事中控制以及事后反馈"的系统全面的管理模型。实现事前计划，即可以通过对以往监测数据的调查分析以及学生舆情动态的反馈，预测学生们的未来舆情动态，有效减少变化的冲击，为检查和控制舆情提供前期保证。实现事中控制，就是在舆情事件发生时，高校思想教育工作者应首先判断出舆情事件产生的影响是正面还是负面。如果是正面影响，则应加大弘扬力度，传播社会正能量；如果是负面影响，则应在第一时间采取有效措施，取得最大话语权，控制舆情事件的发展趋势。实现事后反馈，就是在每次的舆情事件基本结束以后，需要进行一定的反馈工作，总结经验和教训，为今后舆情工作的事前计划以及事中控制提供良好的事实依据和理论基础。

第二节 理论与实践相结合的原则

一、高校网络舆情与社会网络舆情的主要不同特质

社会网络舆情的主体分布于社会各阶层和各个领域，而高校网络舆情的主体是一群思想活跃、同质性强的青年学生，他们之间人际关系更为紧密，更容易达成共识，进而发展为可能危及稳定的网络舆情，甚至演变成校园群体事件。

二、高校网络舆情与社会网络舆情相同的演绎特点

（一）网络舆情的突发性

网络舆情一般是社会或校园的突发事件所引起的，其所关注的新闻事件往往是不可预知的，一旦引起关注，就会在网络中引发大学生群体的广泛讨论，引发共鸣，大学生的个

体意见就会在极短的时间汇聚起来，形成网络舆情。

（二）网络舆情的自由性

自媒体时代下，每个人都可能成为网络信息的发布者，每个人都能自由地参与网络话题的讨论。

（三）网络舆情的交互性

网络提供了一个让网民自由表达的空间，激发了民众的社会参与意识，在参与话题讨论的过程中相互探讨、交流，思想发生碰撞，各种观点和意见能够快速地表达出来，讨论更广泛更深入，网络舆情能够得到更加集中的反映。

（四）网络舆情的偏差性

由于网络具有匿名性的特点，网民会更真实表达出自己的观点或反映出自己的真实情绪。在一些网站为了吸引点击率的前提下，网络往往成为一些负面新闻的放大器，而一些网民缺乏自律，一些网民把网络空间作为负面情绪的宣泄地，通过相互感染，这些情绪化言论很可能在众人的响应下，发展成为有害的舆论。

（五）网络舆情的多元性

网络舆情涉及社会生活的各个方面，所谓"家事、国事、天下事，事事关心"。当然，高校网络舆情更多的是大学生关于校园学习生活的体验、诉求和不满情绪的宣泄。依据舆情所反映的新闻事件的来源，大致可将高校网络舆情分为两大类，即外源型高校网络舆情与内源型高校网络舆情。其中外源型高校网络即舆情所反映的新闻事件是发生在校园以外的，其特点是与社会网络连接紧密，反映出当代大学生对当今社会焦点问题及国际舆论的关注。

三、高校网络舆情对大学生的积极影响

高校网络舆情涉及大学生所关注的社会热点、焦点话题和大学生校园学习生活的体验、反馈与诉求，是大学生思想变化发展的"风向标"。分析高校网络舆情有助于辅导员研判大学生的思想动态，可以更有针对性地开展思想教育工作。高校网络舆情往往是学生通过网络渠道对学校政策制定、校园环境、后勤服务等问题的反馈或是对师生人身安全、学校秩序等造成严重影响的校园突发事件的讨论等。大学生可以更加广泛地参与到高校与学生相关政策制定的过程中，从而影响学校政策的制定或是使学校制定的政策更为大学生所了解。分析高校网络舆情，了解大学生对校园环境、后勤服务等问题的意见与建议，使高校管理者能够及时发现校园管理中存在的不足、制度缺陷、安全隐患、事故苗头，是高校管理及时发现问题的"预警器"，有助于高校切实、高效地改进教学和后勤管理工作。

四、高校辅导员网络话语权的建构模式

话语是人类社会传播知识、传承文明的重要纽带，是社会中人与人之间进行思想交流的重要媒介。同时，话语作为一种社会建构，与社会的权力结构之间也有着极其密切的关系，话语中包含着权力，话语的实践隐含着权力的运作。辅导员网络话语权即辅导员运用网络交流平台与大学生沟通交流的能力及对大学生的影响力。辅导员如何把握网络话语权，加强与大学生的交流，提高大学生辨别信息真伪的网络素养，对大学生施加正面的影响，引导网络舆情的良性发展，是高校网络舆情能得到有效控制与引导的关键。

（一）构建辅导员网络工作平台

高校网络舆情的疏导最根本就是要解决大学生学习生活中遇到的困扰，而大学生在现实中遇到的困难，对学校的意见、建议往往通过微信、QQ、博客、微博等方式反映。这就要求辅导员主动融入网络生活，确立服务大学生的意识，熟悉和掌握各种网络交流工具，将辅导员工作与网络平台有机结合，构建辅导员工作网络平台。一方面，辅导员应关注学生微信、QQ、博客、微博动态，主动利用网络交流工具平等地与学生进行交流，对于学生的思想、心理困扰要及时进行疏导，对于学习生活遇到的困难要主动给予帮助，同时辅导员要将学校的规章制度通过网络对学生进行宣传贯彻，提高学生对学校相关制度的认知；也要将学生对于校园环境、后勤服务的意见、建议或不满及时反馈给相关部门，要将相关部门的意见、整改措施及时通报给学生，从源头上消除容易产生和激化的网络舆情危机因素。如果大学生对于学校的意见和建议能迅速得到回复或采纳，就可以使大学生产生满足感、自豪感和荣誉感，从而使他们增加对辅导员的信任度，对学校产生认同感与归属感。另一方面，辅导员要充分利用大学生班级微信群、QQ群、辅导员博客、辅导员微博、SNS社交网络等网络平台开展辅导员工作。如利用微信群、QQ开展大学生心理辅导，利用辅导员博客投票功能开展班级的评优评先工作，利用辅导员微博及时发布学校通知、就业消息等，发挥辅导员作为SNS社交网络关键连接点的优势，促进学生之间、学生和毕业生之间、学生和社会用人单位之间的交流，提升学生综合素质的同时拓宽学生的就业视野和渠道。辅导员应当在网络交流中平等对待学生，充分运用情感力量，体察学生、亲近学生、温暖学生、呵护学生，成为学生可以信任的知心好友，从而提升辅导员网络话语权的感染力与影响力，为有效疏导网络舆情危机奠定基础。

（二）组建辅导员网络工作团队

随着大学生社会参与意识的不断提高，社会网络舆情与高校网络舆情连接越来越紧密，一方面大学生在社会舆情的发展中扮演着越来越重要的角色，一方面涉及高校的舆情热点事件不断出现，这就要求辅导员要树立网络舆情危机意识，明确自身在高校网络舆情疏导中的角色定位，关注大学生对当今社会的热点、焦点事件的反映。针对内源型高校网络舆情往往是大学生对校园突发事件的反映，作为参与学校学生管理一线的辅导员要全面

了解学校的各类突发事件的应对机制，明确自身的工作职责和要求。首先辅导员要重视相关信息的公开，因为学生往往是在信息不全面、不明真相的情况下容易情绪激动和被他人煽动，但是在信息完备的情形下，学生会主动获取信息并探索原因，从而形成他们自己独立的判断。辅导员应第一时间通过各种渠道调查，了解事件原委、真相，及时配合学校相关部门澄清事实，通过飞信、微信群、QQ群、辅导员博客、微博等网络媒介向学生公布事件真相，尽可能缩短响应时间，消除疑虑、误解和谣传；其次辅导员要主动分析网络舆情，及时与学生交流，既要允许学生把怨言发泄出来，起到"减压阀"的作用，又要发挥好"降温器"的功能，做好正面引导，发出主流声音，防止舆情危机进一步升温、放大；再次，辅导员要及时配合相关部门做好危机遗留问题和滞后效应的处理工作，并对危机事件进行反思总结，分析舆情引发的原因、发展规律和解决问题的方式，提高辅导员应对网络舆情危机处理的能力。

（三）建立网络舆情疏导机制

面对复杂的高校网络舆情，仅靠个别辅导员"单兵作战"显然不现实，一则辅导员日常工作烦琐，个人精力、能力有限，对待复杂的网络舆情难免出现反馈不及时，看问题不够全面；二则面对众声喧哗的网络舆情，辅导员个人的一点声音很容易被忽视、淹没。为弥补辅导员个体话语权的不足：其一，高校领导要充分重视网络舆情的疏导，组建一支以辅导员为主，既有专家教授，又有相关领导、学生骨干的网络思想政治工作团队。通过确立团队目标、明确团队成员分工，既要有成员负责对高校网络舆情进行收集、整理、分析定期报送相关领导，又要有成员及时做好舆情疏导。一旦发生网络舆情危机，团队成员要协同作战，必要时要发动学生骨干、入党积极分子等，积极参与网络话题讨论，强化主流言论，形成正面舆论强势。要在校园网络主动构建议程设置，"议程设置理论"认为大众传播往往不能决定人们对某一事件或意见的具体看法，但可以通过提供信息和安排相关的议题来有效地左右人们关注哪些事实和意见及他们谈论的先后顺序。通过主动构建议程设置将大学生注意力引导到设置的问题上。要针对一些热点问题积极撰写有深度、有说服力的网络评论，引导学生了解事实真相，客观分析问题，理智做出判断；其二，辅导员要善于发掘学生中那些具有真知灼见的声音，通过有组织的转发，使之成为网络的主流意见。

（四）提升大学生网络媒介素养

辅导员应该利用博客、微博等网络媒介开展如职业规划、就业指导、心理辅导等辅导员工作；积极宣传身边的好人好事，记录关于爱情、友谊、励志等方面的生活感悟，真诚与学生进行交流，传递积极向上、不怕困难、勇于担当、乐于奉献的精神，引导学生正确面对生活中遇到的困难、挫折。同时辅导员通过"网上"与"网下"多种形式开展大学生网络媒介素养教育，媒介素养是指在人们面对不同媒体、接受各种信息时所表现出的信息选择能力、质疑能力、理解能力、评估能力、创造和生产能力以及思辨的反应能力。一方面辅导员要引导学生正确理解分析媒介信息，引导学生认识到媒体报道背后可能存在的政治、经济、文化等影响因素；引导学生学会理性地辨别信息的真伪，运用自己的理性思考，对各类信息发表自己的见解，提出批评性意见；要引导学生认识到反动、色情、暴力、庸俗等信息的危害性并自觉抵制这些垃圾信息的传播，提高对这些负面信息的免疫力；另一方面辅导员要引导学生了解话语权的重要性，在熟练运用各种网络交流平台，加强沟通学习、提高自身素质的同时，逐步形成正确、合理的媒体网络意见表达方式，引导学生享受网络自由权利，同时自觉遵守网络法律法规，依法约束自己的网络行为。

（五）全面提升辅导员综合素质

辅导员是高校网络舆情疏导最直接的执行者。工欲善其事，必先利其器。辅导员面对网络舆情要懂得"说什么""怎么说""以什么身份说""如何评价说的效果""如何持续改进"。这就需要：一方面，辅导员要加强自身学习修养，提升自身的管理能力素质、专业知识素质和个人思想政治素质。辅导员要学习掌握各种网络交流平台的运用技巧，提升信息技术能力，以便能及时收集分析高校网络舆情；辅导员要把握时代的脉搏，加强时事与政策的学习，提升自身的思想政治水平，以便能引导学生正确看待网络舆情所反映的社会问题；辅导员要学习管理学、教育学、社会学和心理学以及就业指导、学生事务管理等方面的知识，以便能更好地指导学生、服务学生，提升辅导员话语权的影响力；另一方面，高校应重视辅导员网络舆情及其危机公关的相关培训，邀请有关方面的专家为辅导员开展专项培训，培养辅导员的理论思维能力、组织管理能力、调查分析能力、协调沟通能力、语言表达能力、心理教育能力、信息技术能力、文字写作能力、危机处理能力和创新思维能力等，提升辅导员思想政治素质和业务素质。同时要通过相关案例分析、工作讨论、课题研究等形式提高辅导员高校网络舆情的认识及危机处理能力。

五、加强大学生网络思政教育的路径选择

（一）打造布局科学、资源丰富的网络思想政治教育平台

网络思政教育工作的开展依托网络硬件资源的投入和思政教育阵地的建设。目前，多数高校的校园网建设已经初具规模，但从总体上看，高校网络硬件设施的投入还是不能满足当前大学生对网络资源的需求，公共机房电脑数量的不足，校园网网络带宽的不够都使部分大学生放弃了校园网的使用，因此加大网络硬件资源的投入是实现网络思政教育的物质基础。其次，设立科学合理、具有较强吸引力的思想政治教育主题的红色网站也是提升网络思政教育影响力的途径方法。

（二）建设高效精干的专职网络思想政治教育队伍组织

专职网络思想政治教育队伍是网络思政教育工作开展的根本保证力量，直接关系着思想政治教育的目标、内容、过程及结果是否能达到预期，解决网络思想政治教育队伍中人员不足、机制不健全以及效率不高问题是此项工作的关键。当前，有少数高校已经在尝试让辅导员兼任网络思政辅导员工作，但受辅导员日常工作繁杂，待遇相对较低、缺乏较新的专业知识理论等因素影响，网络思政辅导员的网上思政教育功能并不能得到较好的发挥，因此，需要设立专职的网络思想政治教育梯队来从事和开展此类工作。专职的网络思政教育梯队可以由学校相关职能部门去建设，由从事思政教育方面研究的专职教师去指导，由负责学生管理的辅导员去协调，由进行思政专业学习的研究生去实践，通过 BBS、微信群、QQ 群、校园网等平台去了解学生的思想动态，并针对网络中大学生的一些观点进行科学引导，进行网络思想政治教育，这种教、学、研一体化的模式可以较好地缓解网络思政队伍力量不足的现状，也可以提升网络思政队伍成员业务能力，保证网络思政教育的效果。

（三）引导大学生树立良好的网络道德责任意识观念

高校网络思政教育的最终目标是大学生，网络思政教育的平台要求、队伍安排、机制保障都是扩大网络思想政治教育影响力的途径方法，但从根本上要实现网络思想政治教育的目标还得依赖大学生的自身网络道德素养提高，要培养大学生在网络中的责任感，完善自我道德评价选择能力，强化自我约束能力和监督能力，只有大学生的自律意识得到强化，网络中的无序行为才会逐步减少，而加强大学生自律意识的方法有契约法。如，由学校学生社团联合建立相关网络组织，通过这些组织去呼吁、引导大学生合理上网，使他们意识到自己的言行在网络中的重要性，从而激发和强化他们的自律意识。此外，学校加大对大学生网络法制法规的教育力度也是树立良好的网络道德观和责任意识的途径方法。

六、拓宽舆情疏导的领域和空间

拓宽舆情疏导的领域和空间，各专业课老师也应肩负起疏导的责任，使思想道德的教育寓于课堂之中，应有理论知识的讲授，但也要有实践。网络实践相对于常规社会实践成本较低，可以随时大量进行。面对纷繁复杂的社会环境，学校只是其中的极小部分，作为大学生认识世界和改造世界的实践活动，是学校联系社会、为社会服务的一条纽带和主要形式，是引导学生走与人民群众相结合、与实践相结合的健康成长道路的有效途径。网上实践的内容非常多：

（一）网络社会调查

在网络上，可以对课堂上的内容进行科学的调查研究。网络调查方法的便捷性，不仅让学生将现实问题和理论探讨相结合，提高他们查找资料的能力，还对大学生思维起着重要的启发式教育作用。

（二）网上倡议活动

针对现实中实际存在的社会问题或者发生在大学生身边的问题，思想政治教育工作者应秉持公正开放的态度，让大学生自我发现、自我思考，最终在网络上进行合理适度的倡议。例如，倡议合理上网、拒绝网瘾等，通过这一类活动不仅可以提高学生自己的素养，也号召别人去做，增加了学生对责任心的认识，也是对网络舆情正面作用的引导。

（三）网络论坛探讨

论坛是一个相对自由的区域，在论坛上，大家可以就某一问题展开自由讨论，思想政治教育的网络实践，在高校网络舆情的基础上进行，在论坛上发表自己的见解，让别人去评论或补充，本身就可以提高学生认识问题的水平。

（四）网上社区服务

网络应当成为高校舆情思想政治教育工作者的重要教育工具和手段，积极建立学生网上社区和网上论坛，吸引学生积极踊跃地在社区内活动，用虚拟的网络世界将大学生的现实世界更紧密地凝聚起来，拓展了思想政治教育的新思路。

七、大学生网络群体思政教育的对策探讨

（一）尊重大学生网民，注意启发他们的自觉性

尊重大学生网民就是要尊重大学生网民的价值、尊严和权利，把大学生网民看作是具有独立人格的社会主义主人翁，是社会主义的建设者，而不是消极被动的劳动者，应当肯定人在世界的一切价值中是最高的价值，充分重视作为社会主体的人的需要的满足。大学生网络群体思想政治教育工作要懂得理解大学生网民、尊重大学生网民，把尊重自己与尊重他人统一起来，摆正自己的位置，严格要求自己的行为，在与大学生网民接触中，虚心听取他们的意见和建议，尊重他们的权利。

（二）关心大学生网民，努力调动他们的积极性

关心大学生网民很重要的一点是关心他们的想法、需求，关心他们的利益，要以马克思主义利益观来引导关心大学生网民正确认识和处理各种利益关系。在现实生活中，包括个人利益在内，各种利益都是客观存在的，同时，各种利益也都不是孤立的，没有也不可

能有离开个人利益的抽象的社会利益。因此，个人利益本身不存在孤立的政治、道德意义。当然，在社会主义社会中，社会利益、国家利益、集体利益、个人利益在根本一致的前提下，由于经济文化的差异，这些利益之间又存在着矛盾，有时甚至产生局部冲突，协调和处理矛盾及冲突的关键就是要客观地、实事求是地承认不同利益在社会生活中应有的地位和作用，正确认识个人利益和集体利益的关系。只有从维护广大大学生网民的根本利益出发，深入他们的思想实际和生活实际，切实关心他们的疾苦，多做得人心、暖人心、稳人心的工作，才能把思想政治教育落在实处。

（三）培养大学生健康的心理

互联网是个极富包容性、多元化的世界，各种不同的文化传统、价值观念和行为规范混杂其中，使大学生在上网过程中可能产生一些心理问题，包括患上"网络成瘾综合征"，诱发社会适应不良症，影响健康人格的形成，等等。大学生网络群体思想政治教育应当重视这一问题。要注意研究网络可能带来的心理危害，在大学生上网的过程中进行适当的心理辅导，对已经产生的心理疾病及时进行治疗。要教育大学生以理智的态度控制上网时间；对于有心理障碍的学生，应劝他们不要上网寻求安慰，而是去向心理医生求助。

总之，高等教育承担的神圣的社会责任与其在世俗浪潮裹挟下表现出的现实弊端之间的对比使其成为网络舆情重要的集散地，大学生作为青年群体的症候及其所接受的良好教育使其成为最有意愿和能力发出声音的网民群体。在这两个视角的交会下，高校网络舆情工作作为网络舆情工作与高等教育工作交叉点的重要性自不待言。

第三节　疏导与防堵相结合的原则

我国传统的思想政治教育大多注重大学生思想层面、政治素养的教育，忽视了人的心理因素对思想行为品格的影响，忽视了人的心理作用。实践表明，思想政治教育工作只有遵循人的心理活动发展规律才能取得良好的教育效果。正所谓大学生正处于世界观、人生观、价值观形成的关键时期，同时也是心理上充满矛盾和冲突的时期，心理复杂多变。

20世纪90年代以来，网络的发展已经渗入社会的方方面面，互联网已俨然成为继报纸、广播、电视之后的"第四媒体"。它跨越了国界，超出了种族，摆脱了思想交流的空间性和时间性，加速了世界各地的信息交流，推动人类社会更快速地发展。如今的网络消费最重要的人群就是青年大学生，这一群体又是异常活跃的，他们在网络上的言论，常常会被迅速传播。但是，大学生心智还不成熟，极易受到不良言论的蛊惑和诱导。因此，在思想政治工作上，高校思想教育工作者要学会疏导和防堵相结合。

一、疏导

疏导即疏通和引导。网络的发展促使了信息网络化的形成和发展，于是各种思想文化、意识形态利用网络渗透到人们生活、工作、学习的方方面面。作为当代最为活跃的消费群体，相当多的大学生目前还处在思想由未成形走向成熟的时期，面临网络提供的浩瀚的海量信息资源，缺乏理性思考和理性的认识问题、分析问题、解决问题的能力。网络的虚拟性、开放性使得网络言论泥沙俱下、鱼龙混杂，大学生极易受到那些虚假不良信息的影响，被别有用心之人利用。高校思想政治教育工作者，必须加紧学习有关知识，提高网络信息素质，高度重视网上思想政治动向，更好地引导高校网络舆情的发展。高校思想政治教育工作者加强领导，建立健全思想政治教育体系，利用互联网开展思想政治教育，是新形势下大学生思想政治工作疏通的重要途径。高校思想政治教育工作者应当具备发展的眼光，与时俱进，将高校网络舆情提升到大学生思想政治教育的战略高度，精心做好网络环境下大学生思想政治教育工作，多种形式，点面结合，使大学生思想政治教育更加生动和有效。另外，21世纪全球一体化浪潮、多元化文化的冲击和网络世界的飞速发展都要求思想政治教育工作者要积极引导大学生树立正确的世界观、人生观和价值观，高校应当也必须重视网络舆情并建立健全思想政治教育体系。开拓创新，加强网络文化建设，避免信息爆炸产生垃圾信息这一严重后果，高校思想政治教育工作者要认真研究，顺应网络信息化的浪潮，合理趋利避害，主动出击。思想政治教育部门和思想政治教育者要主动出击，建立自己的网站，抓住学生的注意力和兴趣点，引导网络大环境下的大学生思想政治教育的发展；健全思想政治教育网站建设，不断完善网络硬件环境和精神文明环境建设，建立特色网站，比如团省委、团市委的微博、博客，发扬文明精神，弘扬主旋律，打好主动仗，让社会主义精神文明建设的主体发挥旗帜作用，更好地服务高校师生，为高校培养合格的高素质人才。

二、防堵

治外以堵，即充分利用高新科技手段堵截网络中有害信息的传输，加强网络舆情的管理，提高思想政治教育工作的技术含量。当今网络上各种信息汹涌而来、泥沙俱下，高校思想政治教育工作者要利用综合手段，多管齐下，采取政治、法律手段，营造良好的网络舆情环境坚决实施非法代理服务器的管制工作，严禁反动信息及不健康信息的入侵。思想政治教育工作者也要掌握必备的网络安全知识，充分利用"防火墙"与反动或不健康信息的发布者进行长期斗争。一定要通过网络向大学生发布信息预告，培养大学生的防患意识，提高他们与发布不良信息或其他不健康信息的不良分子进行坚决斗争的意识等。

事实上，网络心理教育主要针对在信息化社会中，人们出现的各种心理不适、心理障碍和心理疾病等问题，运用心理学、教育学原理以及心理咨询理论和信息网络的快捷性、匿名性和交互性等优势对受教者施加一定的影响，帮助他们化解心理矛盾。减少心理冲突、缓解心理压力、优化心理素质，使受教育者的心理过程得以正常发展，保持良好的心理状态，形成良好的个性和思想品质，促进人格的成熟以及个人的全面发展。

三、高校网络舆情的双面效应

舆论是一把双刃剑，其作用是正负双向的，它可以让公众探知世事、明白真相、澄清是非，但它有时也会混淆视听、激化情绪、助长恶气，所以全面认识舆情，因势利导，注重把握其利与弊，亦十分重要。

（一）高校网络舆情的正面效应

其一，倾听学生真实心声，促进民主决策的科学性。高校网络舆情是大学生真实心声最直接、最快速的反映。传统的信息获取方式往往中间环节繁多，在层层传递过程中很容易出现信息的失真、扭曲、中断等问题，同时由于担心违反有关规章制度而遭受处罚，在发表意见时人们都不同程度地保持"沉默"，多数观点不能充分表达自己的真实想法。网络的虚拟性改变了传统舆情的弊端，使在校学生可以在互联网这个开放的平台上畅所欲言，这一过程中的网络舆情也是学生与学校管理部门进行沟通、反馈意见的过程。学校决策层通过这些网络舆情可准确地了解学生的呼声和要求，从而使决策更加符合实际，提高决策的民主性和科学性。

其二，反映学生思想动态，增强思政教育的实效性。目前，网络媒体已成为高校思想政治教育工作的重要平台。高校网络舆情的内容广泛，所涉及的往往是大学生关注或与大学生自身利益相关的事件，由于大学生性格、爱好及价值取向的不同，他们对接收到的信息有不同的反应，相应地也会做出不同的信息反馈。高校思想政治教育工作者通过关注学校网络舆情的形成、发展，可以及时、准确地把握大学生的思想发展动态，了解学生近期究竟在关注什么、讨论什么，并适时引导大学生培养理性思维，树立正确的价值观。当较多的学生针对某一热点事件或校园突发事件发表情绪化的意见甚至表现出有可能实施过激行为倾向时，思政工作者应根据网络舆情中的信号，及时采取有效措施防止危机事件的发生，使高校网络舆情真正成为开展大学生思想政治教育的有效平台。

其三，发展校园网络文化，实现校园文化的多样性。党的十七届六中全会提出要"发展健康向上的网络文化"，认为"加强网上思想文化阵地建设，是社会主义文化建设的迫切任务"。校园网络舆情是在校园文化的氛围下产生的一种新的文化形态，是一种特殊的网络文化。大学生思想活跃，接受新事物快，他们试图摆脱束缚，发展自己的个性，互联网空前的开放和自由，正好提供了这样一个空间。校园网络舆情因其平等性、互动性、隐匿性等特征，深受青年大学生的喜爱，已成为大学生学习、生活的一个重要组成部分。校园网络舆情作为校园里一种沟通交流的新型载体，承载着大学生共同的价值理念，能够为校园文化及时传播新的内容注入新的活力，对校园文化的创新起到了促进作用，将成为和谐校园文化的有益补充。

（二）高校网络舆情的负面效应

其一，虚假信息泛滥，不利于学生身心成长。传统媒体设置的"把关人"角色能够决定传递给受众哪些内容，在信息处理、发布中一般能做到真实可靠。而网络用户身份的隐匿性、信息来源的多样性，使我们很难辨别网络信息的真伪，也无从保证言论的真实性，这就造成了各种虚假消息与谣言在网络上的肆意发布和扩散。

其二，损害高校形象，不利于高校良性发展。随着经济社会的进步和教育改革的深化，我国高等教育获得了长足的发展，然而在社会转型期由于社会运行机制的变化，使得高校在发展过程中也出现了一些矛盾和问题。网络媒体使校园失去了昔日的"围墙"，模糊了校内与校外的界线，打破了高校传统上相对封闭的格局，校园网络上一些看似微不足道的对高校不利的网络言论很可能产生"蝴蝶效应"，对高校发展造成不利影响。

四、高校处置网络舆情的可行策略

目前很多高校都建立了网络舆情的处置机制，但其实效性值得商榷。部分高校缺乏对网络舆情内涵的理解，过多关注舆情可能带来的危机。而在舆情危机面前，高校首先考虑的又是如何进行媒体公关、如何向上级教育主管部门进行汇报等，置身于网络媒介传播特性之下，真正考虑网络舆情整个机制运行和传播机理的却很少。因此，高校创新工作思路，准确把握、合理引导、科学管理网络舆情，已成为当务之急。

（一）加强舆情研判，准确把握网络舆情

其一，强化日常监测，及时掌握校园网络舆情动态。强化日常舆情监测就是要全面了解学生在网络空间里正在谈论或转载的各种言论信息，对学生近期网络交流工具里所探讨的热点话题和过激的言论进行关注与跟踪。只有及时把握网络舆情动态及走向，才能有效进行高校网络舆情的引导。在舆情监测方面，高校应该充分发挥一线思政辅导员的作用。辅导员一方面要学会培养学生骨干，定期与学生骨干进行沟通交流，了解近阶段学生所热衷的话题；另一方面要根据网络时代的要求，在互联网方面跟上学生的潮流，借助新兴的网络传播方式，如微博、微信等，把控校园网络舆情的脉搏，掌握校园舆情动向，敏锐捕捉一些苗头性、倾向性问题，进行认真研究判断，对校园舆情中的不和谐言论及时进行控制。

其二，加强机构建设，构建三级网络舆情管理体系。网络舆情研判是一个信息量很大的工作，仅仅依靠高校思政辅导员的力量是远远不够的，它需要高校各个职能部门之间的通力协作。高校可组建三级纵向与横向相互贯通的舆情信息管理网络：一是校级舆情信息管理机构，由一名分管学生工作的校领导负责，由校办公室、宣传部、保卫部、学生工作部、校团委、后勤处等多个职能部门共同构成；二是学院级舆情信息管理机构，由学院分管学生工作的领导负责，由思政辅导员、党支部书记和个别任课老师等组成；三是学生舆情自我管理机构，由学生会主要负责人、班级主要学生干部、学生党员以及各类学生信息

员等组成。高校舆情信息管理机构建成后，可全方位、多视角地关注舆情信息，更有助于把握网络舆情的主动权。

（二）遵循舆情规律，合理引导网络舆情

一是"疏""堵"结合，重在引导。目前，很多高校为了避免因舆情失控而导致舆情危机的发生，纷纷加强了对网络舆情的人工监控。然而，校园网络管理人员对一些敏感议题很少实施有效的正面引导，往往是采取部分删除或全面删除的方式，采取屏蔽消息、关闭网络论坛的做法，希望就此将不同的声音完全扼杀在摇篮中。然而这非但不能停止网络舆情的产生和扩散，甚至会引起大学生的反感，滋生更多流言和小道消息。其实校园负向的网络舆情通常只是个别大学生在网络虚拟空间里的一种宣泄，并不会对社会构成直接的威胁。因此，对待校园网络舆情，高校应该采取疏导性和人性化的措施，避免单一的围堵、惩罚，要充分尊重大学生的独立人格和民主权利，寓管于教，重在引导，创造平台让他们表达自己的观点和意见。"疏""堵"结合才能更有效地防止舆情信息的扩散和舆情危机的发生。

二是注重培育并发挥意见领袖等网络推手的积极作用。在网络空间里，人人都可以发表言论，但并不代表每个人所说的话都能产生影响，网络意见领袖等网络推手在网络舆情的形成和发展过程中起到了更为重要的作用。意见领袖是网络媒介催生的特殊群体，一般来说，那些语言表达力强、高频率发表观点、文字诙谐幽默的网民更容易引起其他人的关注，从而成为网络论坛的意见领袖。

三是创新高校管理，发挥网络舆情正面效应。高校网络舆情是校园稳定的窗口和校园文化的重要载体。校园网络如果仅仅是单向发布信息或者屏蔽负面信息，是没有生命力的。高校管理者应该不断创新教育管理机制，积极占领网络平台这个先进文化传播的重要阵地，充分尊重学生主人翁的地位，认真倾听学生的心声并给予有效的帮助与解答，加强基于互联网的管理评价和反馈机制，建立起良性的网络上下互动体制，切实发挥网络舆情的正面效应。只有这样，才能营造出积极的、有利于学校发展的网络环境。

（三）重视舆情危机，科学管理网络舆情

一是建立网络舆情危机应急预案。通过分析一些高校在应对网络舆情危机事件中出现的被动局面，我们得出一个重要的教训——被动局面的出现就在于高校缺少有针对性的网络舆情应急预案，面对危机管理层或是手忙脚乱，不知如何是好，相互推卸责任；或是对事件的议论采取回避态度、对事件的真相采取遮掩态度。高校可借鉴"国家突发公共事件总体应急预案"，根据舆情危机的级别，成立网络舆情危机应急处置工作小组，责任到人，各司其职，分头落实，并确立责任追究制度，增强应急预案的科学性和可操作性，将舆情可能引发的突发事件管理纳入科学的治理轨道，积极稳妥地处理好高校网络舆情危机事件。

二是及时发布公告，保证信息公开透明。在信息共享的当今社会，要想完全封锁舆情

危机信息是不可能的，而在危机发生之后第一时间公开相关信息，向社会大众和媒体坦诚地报道事实真相和事件进展十分必要。

三是引入第三方权威，缓解危机。在网络舆情危机处置过程中，高校仅仅依靠自身的解释往往力不从心，而且会使网民感觉到其客观性和公正性不足，此时具有公信力、权威性的第三方的介入就会更有利于引导舆情的走向。第三方权威可以是主流权威媒体，也可以是教育主管部门等政府机构，这些主流媒体或者政府机构本身所具有的品牌优势、公信力、权威性和可靠性等，使得他们的报道或者发表的言论比较容易获得网民的普遍认可。因此，适时整合各方资源，加强与主流媒体和相关部门的沟通，以积极、主动、负责的姿态，科学引导网络舆情的发展趋势，更有利于高校缓解危机，营造良好的公众形象。

总之，网络信息资源具有海量性，信息量大，覆盖范围广，借助网络，可满足不同层次、不同群体的大学生的不同需求。同时，网络社会具有匿名性，在网络这一虚拟空间内，大学生可以消除顾虑，更加真实客观地表露自我、分析自我，从而有利于找出自身心理问题存在的症结，有利于增强网络心理健康教育的针对性和有效性。网络舆情的表达一定程度上是大学生的内在心理压力的释放，由于网络舆情去除了现实利益关系所形成的"压力阀"，使各种矛盾所产生的张力能够迅速在网络空间得以释放，使大学生的情绪得以宣泄，一定程度上缓解了大学生的心理压力。借助网络的平等互动性，可设立大学生心理健康咨询室，聘请专业心理咨询教师，宣传心理健康知识；借助网络平台开展大学生心理问题调查，及时了解大学生的心理需求，从而培育大学生健康良好的心理品质和高尚的道德品质。

第四节　自律与他律相结合的原则

网络是一把双刃剑，在给我们学习生活带来机遇的同时也带来了负面影响，产生了诸多网络问题。"网络马甲"的盛行，解除了现实身份的束缚，也暴露出人性的各种弱点。一些不法网站或者网络用户，利用网络的隐蔽性，在网络里传播反动或不健康信息，严重侵蚀某些自制力较弱的学生。因此，在高校思想政治教育的过程中，重视网络舆情的发展情况，强调大学生的网络自律与他律相结合。

一、网络自律

第一，建立网上主体道德自律机制，营造良好的舆论外部氛围。积极引导网上舆论，倡导文明上网，谴责网络主体不道德行为，促进网络主体的道德自律。如今，网络道德规范已经逐步建立起来，这都是在人们自觉或者不自觉的网络行为中形成和发展起来的，这种现象，表明了网络舆情的空间已经开始了规范化。越来越多的网民学会抵制不良的信息，但是，在国家政策法规方面，我们期待更强有力的规章制度的出现。另一方面，道德内化必须通过教育来实现,而网络道德自律又要通过良好的道德内化来实现。这种网络道德教育的取向一定要坚持以加强网络的主体性教育为目标,这种网络道德教育的内化,是一项长期的、不可预计的过程。

第二,加强网络主体道德修养,培养网络主体道德自律精神。网络传播主体或者网站的建设者应当关注网络自律规范,提高网络道德认知水平,起到引导受众走向积极方向的作用和责任。作为网站主体,在传播信息时,首先要对网络传播的内容进行道德、法律限度内过滤、筛选,传播有效、实用、健康、积极的信息,担负起文明、道德、文化、法律传播者的重任,积极投身各种实践,形成网上网下互动机制。

二、网络他律

青年大学生的生理和心理都还未发展成熟,所以必须采用其他强制性的手段对大学生的上网行为进行规范和约束。这种趋势下出现了网络他律这一概念。他律指的是在高校思想政治教育过程中对网络舆情采用一种强制性的措施,使大学生能够遵守法律规范,保证良好健康的网络环境,更好地实现大学生思想政治教育的教学目标,杜绝网络失范行为。中华民族五千多年的文明发展过程中,道德规范对中国社会的影响深入骨髓,并且对道德失范行为已然形成了一套较为完整和有约束力的机制,任何人都不能在现实社会中恣意妄为。在高校中,大学生对规章制度的不了解,是产生网上失范行为的一个重要原因,要加强对大学生网络规章制度教育,最重要的是让大学生知法、懂法、守法。

三、高校思想政治工作思想观念的创新

众所周知,思想是行动的先导。信息时代给我们形成的网络环境就是我们今天进行创新的关键。基于网络环境下的高校思想政治工作是否卓有成效,有无开拓性,关键在于我们的思想是否真正解放,观念是否真正更新。

(一)树立现代信息观念

当今世界,经济全球化的进程势不可挡,而以通信和计算机为代表的信息革命已经成为当代经济全球化的第一推动力,从信息通信的角度看全球化就是信息克服空间障碍在全世界的自由传递。因此,高校思想政治工作者必须充分认识到这一全新的信息全球化时代,必须确立思想政治工作的现代信息观念,适应网络传播的新方式,抢占网上宣传的制高点。首先,高校思想政治工作者要坚持与时俱进的思想观念和奋发有为的精神状态,要有超前意识和现代化意识,牢固树立网络意识,充分认识网络的发展对新时期社会生活、对人们思想所产生的深刻影响,深刻认识思想政治工作进网络的重要性和紧迫性,认真研究网上思想文化交流和网上思想政治工作的新特点。要主动适应信息时代思想政治工作的要求,努力提高自己的思想理论水平和网络宣传的本领,学会运用网络技术获取所需的种种信息资源,善于利用信息网络技术开展思想政治工作,在网络上不断开辟、扩大思想政

治工作的新阵地，把网络变成创新和加强思想政治工作的先进工具。其次，要正视网络环境的形成，重视对网络环境的研究，努力开拓网络环境下高校思想政治工作的新局面。传统的思想政治教育理论认为，高校思想政治工作主要是以学校为主，由学校、社会、家庭三方面密切协调和配合进行，因此，传统的高校思想政治工作环境也就是通常所说的学校、社会、家庭这样一个综合体，甚至狭义的高校思想政治工作环境仅指高校生活环境。面对这样一种新局面，高校思想政治工作亟须形成一种新的环境观，一方面要继承和发扬传统思想政治工作的优势，做好传统的现实环境里的工作；另一方面，也是一项更艰巨的任务，那就是要优化新型的虚拟的网络环境。而要优化网络环境，必须有一个系统的计划，既要提高网民素质，构建网络道德，规范网络行为，也要提升网络技术，构筑信息海关，堵控有害信息；既要完善制度，强化管理，依法治网，也要匡正舆论导向，营造健康向上的氛围；既要建设社会主义网络文化，抵御不良思想文化，也要建设网络政工队伍和网络环保志愿者队伍。总之，高校思想政治工作应该树立新的环境观，面对新的形势，要深入研究，全面部署。

（二）树立以人为本的教育观念

传统教育活动中总是将教师看成是教育活动的中心，学生是受教育者，在教育方法上也把学生视为被动接受知识的容器。这种师生关系决定了学生的从属地位，实际上也就是学生的非主体地位。计算机和网络走进人们的生活和社会生产领域，并逐渐成为人们的一种生存方式，这种深刻变化的意义是革命性的。就主体的发展而言，网络社会为主体的真正实现提供了新的契机，甚至是一种必然。网络社会的教育一改传统教育中的师权中心，学生将成为教学过程的中心。网络将学生视为个体，学生能够基于个人背景、天分、认知模式及兴趣等条件形成个人化的学习经验。在网络环境下高校思想政治工作是否能够顺利开展，一个至关重要的问题就是能否切实转变教育观念，真正树立"以人为本"的教育理念，树立新型的师生观。网络环境下教师高高在上的地位的丧失并不意味着教师威信的必然降低，网络永远不可能完全取代传统意义上的教师，但是在网络环境下要提升真正的教师威望，关键在于重塑教师权威，实现教育意识的转换。这种意识的转换至少应该包含以下两个层面：其一，教师的权威意识要实现从制度权威向魅力权威的转变，伴随教育网络化渐增的教育民主化、社会化、个性化趋势，以及随教师独占知识权威的瓦解等现象的出现，教师的传统权威逐渐消融，这就需要教师审时度势，实现从制度权威向具有审美意义的魅力权威的权威意识转换，不再固守师道尊严，排斥异己权威，而是愉快地接纳网络权威，谋求与多元权威的相谐相融，追求自我素质的不断完善，重塑教师魅力权威；其二，师生关系意识应实现从师倨生恭到师生平等的转换。传统观念中的教师是传道授业解惑的先生，学生是幼稚无知和知之不多的后生，教师是已经社会化了的成熟的社会代言人，学生是正在成长而尚未定型、从自然人向社会人转化的过渡人，教师是主动施教者，学生是被动受教者，因此"教师倨，学生恭"便是理所当然。而在网络社会，一切网络行为的主体都是人，网络行为更加突出行为主体的自觉性和个性，施教者与受教者都是充满个性的独一无二的自我，网络教育中施教者与受教者实际上是在互动过程中相互创造、相互证实自己的存在。因此，在开放的网络世界里，师生是平等的互主体关系。这样一来，在思想政治教育的实施过程中，教育者必须走下高台，放下架子，有意识地调整自己所扮演的角色，从所谓的教导者转化成为与教育对象探讨问题的切磋者。简而言之，网络环境下的思想政治工作必须是教育者与被教育者两个主体间的互动，尤其是要发挥受教育者在思想政治教育中的主体作用，确立"以人为本"的新观念。

（三）树立统筹发展的系统观念

网络条件下，传统的"以教师为中心、以课堂为中心、以教材为中心"的教学模式已经不能适应时代现实的要求，今天更需要一种"以学生为中心、以生活为中心"的思想政治教育模式。与之相适应，在教育目标、教育内容、教育方式等方面都应该对传统要素进行审视，在合理继承的基础上实现创新，以使高校思想政治工作能够与时俱进，适应新形势的需求。首先，在教育目标上，从片面强调培养政治型、技术型人才向强调培养具有独立人格、全面发展的创新型人才转变；在教育内容上更突出时代感、针对性、时效性；在教育方法上需要变被动为主动，由严控向疏导转变，变单向灌输为双向互动的交互式交流，激发学生的积极性、能动性，实现思想政治工作单一手段向复合型手段的转变，实现思想政治工作方法的现代化；在教育载体上，充分利用新的信息技术，但同时并不抛弃传统的思想政治工作载体，而是在新的环境下对其加以改造优化，并与新兴载体互为补充，相互促进。

四、体制与机制的创新

知识经济时代网络环境的形成，给高校思想政治工作带来的机遇和挑战，使我们不得不面对两个棘手的问题：一是对正面影响的发挥与完善；二是对消极影响的态度与措施。显然，这两个问题解决的关键就在于思想政治工作机制与体制的创新。

（一）建立高效运作的领导体制

由于网络具有开放性、交互性、匿名性等特点，使得高校的思想政治工作更加复杂。这项复杂的工作如果离开了强有力的领导，就很难组织起来，就无法解决好出现的新问题。高校党委应当积极应对新的形势，高度重视学校思想政治工作进网络，切实加强领导，从总体规划、组织领导、经费投入、网络建设、网上监控等方面落实措施，努力完善网络条件下高校思想政治工作的新机制，逐步形成高校思想政治工作的新格局。2022年1月7日，中共中央、国务院印发了《关于加强和改进新形势下高校思想政治工作的意见》（以下简称《意见》）。该《意见》应该在学校党委的统一领导下，基于校园网络环境的优势条件，建立由学校党委主管领导任主任、主管副校长任副主任的思想政治工作委员会，党政工团、各院系以及公安处等有关部门共同参与、齐抓共管的大学生思想政治工作保障体系。在学校党委统一领导下，各院系都应该成立学生思想政治工作小组，由院系主管书记、院长、辅导员、班主任以及学生干部代表等组成。根据树状结构原理，各级组织、各个部门要明确职责，落实责任，扎实开展工作。

（二）建立完善的思想政治工作队伍建设机制

高校思想政治工作要实现网络化，必须建设一支高素质的政工队伍。这支队伍主要应由专职、兼职思想政治工作者和专门的技术保障人员组成，并注意不断优化队伍结构。在专、兼职人员结构上，既要保留必要的专职政工干部，又要配备部分兼职政工干部；在学历结构上，可以推行新留校辅导员免试攻读研究生，在任辅导员在职攻读研究生等制度，使专职政工干部队伍中研究生所占比例得到提高；在政策激励方面，要明确政工干部的双重身份，即既是教师，又是干部，双线晋升，在岗位和业绩津贴评定中达到同档次人员中较高水平；在人员流动方面，在保留骨干和保持总人数基本稳定的基础上，通过实行优胜劣汰和不断引进高层次人才，维持进与出的动态平衡，保证这支队伍的活力。

为提高高校思想政治工作的总体水平，提高这支队伍的战斗力，还要特别注意以下两个方面：首先，高校思想政治工作是通过思想政治工作者进行的，思想政治工作者的素质，直接影响到教育的实效，应该让教育者先受教育。高校思想政治工作的对象是学历层次较高并正在学习和掌握各种新技术的大学生，网络已与他们的学习和生活紧紧联系在一起，要跟上和摸清他们的思想脉搏和兴奋点，思想政治工作者必须首先自己熟悉信息网络的知识和技术，才能有针对性地对参与者进行教育和指导。所以，应该把普及网络技术知识作为高校思想政治工作创新的一项重要内容来抓，要通过开展计算机网络的基本技术培训，使他们能在各种信息交叉渗透和技术高度发展的社会中，具有通过网络进行信息搜集、信息处理和信息传递等方面的基本技能以及对信息筛选、鉴别和使用的能力。同时，建议把掌握网络技能作为考核高校思想政治工作者的一项内容。其次，队伍建设作为一项长期的系统工程，还应注重选拔精通网络技术的科技人才充实到专兼职思想政治工作队伍中来，以切实提高高校思想政治工作队伍的素质和思想政治工作的科技含量，不断推进高校思想政治工作的优化和创新。事实上，网络技术的飞速发展已给高校思想政治工作带来很大的冲击，但由于认识不足，重视不够，不少高校还没有思想政治工作进网络的专门机构和人员编制，许多人把这项艰难的工作和任务仅仅当作义务和业余工作。因此，高校当务之急是要建立一支高素质的网络思想政治工作者队伍，这支队伍既要有较高的政治教育理论水平，又要掌握计算机的基本理论并熟练进行网络操作；既要有思想政治工作的经验，了解网络文化的特点，又要具有一定的科技意识和创新能力。只有这种复合型人才才能承担起高等学校网络思想政治工作的重任。

（三）建立政府、学校、家庭、社会共同关注的环境优化机制

网络思想政治工作首先是一个系统工程，需要政府、学校、家庭等各方面的有机配合，形成齐抓共管的大政工的局面。政府要对网络信息做好入境防范，强化对网上信息的

监控，过滤虚假、有害、错误、反动的信息。制定网络规范，纠正网上违章，惩罚网上犯罪。学校要发挥引导和疏导作用，积极开展有利于增进参与者网络道德的活动。家长对指导孩子的网络学习负有义不容辞的责任。每一个家长，都应积极学习网络知识，经常通过网络与孩子交谈，掌握他们的思想动态，力争成为孩子网络教育的引路人。所以家长仍然是保护孩子免受网络侵害的一道重要防线。其次，建立净化校园网络环境的工作机制。为了使校园网络更好地为高校思想政治工作服务，就必须加强对校园网络和计算机的管理，并使这种监督约束机制制度化、法律化。要切实制定诸如网络安全保密管理办法以及校园计算机网络管理条例、网络用户管理办法以及特级 BBS 服务管理办法、大学生宿舍计算机网络管理条例等管理办法。校园网站管理者和具体部门应有具体职责，做到职责明确，责任到人。要加强对局域网、校园网的管理，加强对免费个人主页及其链接页的审查，落实实名制和版主负责制，建立设立网站主页的审批制度，上网用户日志记录留存制度，电子公告服务巡查、个人主页信息审查制度，上网人员记录和场所巡查制度等，并通过必要的技术和法律手段，阻止有害信息进入，尽可能对网站 24 小时不断监控，发现问题及时处理，对重大问题，及时上报上级主管部门，必要时可通过公安机关进行查处。

可以说，高校思想政治工作机制与体制的创新是高校思想政治工作创新的基础。因为思想政治工作创新既对已有的学校管理常规提出新的要求，在创新的发展过程中还可能出现许多意想不到的新问题，这就需要学校思想政治工作体系具有一定的应变和适应的机制，以保证思想政治工作创新有序地进行。学校思想政治工作机制与体制创新将是伴随学校思想政治工作建设发展的永恒的主题，是学校思想政治工作创新的有力保障。

总之，先进的党团组织有很多针对大学生思想政治教育的对策、方针，这就需要充分发挥各级党团组织的作用，正面引导、积极发挥，从团员到入党积极分子再到党员，都要充分发挥自己在高校网络舆情发展中的作用，积极帮助有困难的同学；另外，老师尤其是思想政治教育老师不仅要在课堂上进行思想政治教育的灌输，更要在行为方式上积极引导学生。

第三章　高校思政教育质量提升方法

第一节　提高课堂教学质量

一、高校思想政治理论课建设的意义

在高等学校各种教育活动中，课堂教学是最基本、最重要、最稳定的教育活动。思想政治理论课是面向所有大学生的公共必修课，是帮助大学生树立正确世界观、人生观、价值观的重要途径，体现了社会主义大学的本质要求。高校思想政治理论课建设在中国特色社会主义高等教育事业的发展中具有重要意义，对于社会主义现代化建设、构建社会主义和谐社会以及小康社会目标的实现都具有重要的影响。

（一）高校思想政治理论课建设是党和国家事业长远发展的需要

高校思想政治理论课承担着对大学生进行系统的马克思主义理论教育、用发展的马克思主义武装学生头脑的任务。2019年5月31日，在"不忘初心、牢记使命"主题教育工作会议上，习近平总书记指出"担使命，就是要牢记我们党肩负的实现中华民族伟大复兴的历史使命，勇于担当负责，积极主动作为，用科学的理念、长远的眼光、务实的作风谋划事业；保持斗争精神，敢于直面风险挑战"，开展"不忘初心、牢记使命"主题教育，担使命是要牢牢把握的总要求之一。担使命，就是要牢记我们党肩负的实现中华民族伟大复兴的历史使命，勇于担当负责，积极主动作为，保持斗争精神，敢于直面风险挑战。这既是伟大而光荣的任务，又是艰巨而长期的事业。实现这一宏伟目标，离不开中国共产党的坚强领导，离不开全国人民的艰苦奋斗，也离不开我们党的事业后继有人。高校思想政治理论课的教学效果如何，关系能否培养出大批社会主义事业的合格建设者和可靠接班人，关系全面建成小康社会及中华民族伟大复兴的目标能否实现。

（二）高校思想政治理论课建设体现了社会主义大学的本质要求

始终坚持马克思主义的指导，始终坚持社会主义办学方向，是社会主义大学的重要特征。这就要求高校把对大学生的思想政治教育摆在重要位置。用科学理论武装大学生，是

社会主义大学培养中国特色社会主义事业合格建设者和可靠接班人的根本性和战略性举措。对于培养大学生来说，固然要培养他们的知识、素质和能力，但最根本的还是要使他们具有坚定正确的政治方向，当然，高校各门课程都应承担着对大学生进行思想政治教育的任务。但高校思想政治理论课是对大学生进行思想政治教育的主渠道，对提高大学生的思想政治素质，促进大学生全面发展发挥着非常重要的作用，这是其他课程所无法比拟的。

（三）高校思想政治理论课建设是大学生成长成才的需要

思想政治理论课程概括和浓缩了特定社会所积累的思想政治观念、道德规范、价值观念及行为模式等，是一个社会占主导地位的意识形态的集中体现。通过开展马克思主义人生观、价值观、道德观和法制观的教育，有助于大学生树立高尚的理想情操和养成良好的道德品质，树立体现中华民族优秀传统和时代精神的价值标准和行为规范；通过开展中国近现代史的教育，有助于帮助大学生了解国史、国情，深刻领会历史和人民是怎样选择了马克思主义，选择了中国共产党，选择了社会主义道路。

二、高校思想政治理论课的学科内容

高等学校开设思想政治理论课是对大学生进行思想政治教育的主渠道。思想政治理论课和其他专业课不同，专业课主要是知识体系的传授，思想政治理论课不仅要传授给学生知识，更重要的是要传授给学生一个科学正确的价值体系，解决他们的世界观、人生观、价值观和理想、信念的问题。高等学校的思想政治教育必须通过一定的相互联系的课程体系对大学生进行系统教育。目前，新的思想政治理论课程体系方案是一种具有很强内在联系的知识体系，它包含四个基本层次。

（一）课程内容概述

1."思想道德修养与法律基础"

"思想道德修养与法律基础"课是思想政治理论课第一门开设的课程。基础课是一门新课，它并不是过去的"思想道德修养"和"法律基础"课的简单合并，而是一门在体系和内容上有机地将二者融为一体的崭新课程。"基础"课主要进行社会主义道德教育和法制教育，帮助大学生增强社会主义法制观念，提高思想道德素质，解决成长过程中遇到的实际问题。开设这门课，从教学规律上讲最适宜作为大学思想政治理论课入门课程。这门课程是以解决大学生成长成才所遇到的基本问题为切入点，结合从中学生到大学生的转变，着重进行社会主义道德教育和法制教育。这门课程的突出特点是具有很强的实践性，与大学新生的思想特点和需求以及大学生活的实际比较贴近，在教学内容要求上也比较具体、形象。"基础"课以社会主义核心价值体系为主线，以理想信念教育为核心，对大学生进行思想道德和法制教育。这门课程力求把对大学生进行社会主义道德教育和法制教育紧紧地结合在一起，把增强社会主义法制观念和提高社会主义道德觉悟紧紧地结合在一起，把提高思想道德素质和法律素质紧紧结合在一起，帮助大学生正确地解决成长成才过程中遇到的实际问题。

2. 马克思主义基本原理概论

"马克思主义基本原理概论"是一门系统讲授马克思主义基本理论的课程，几乎涵盖了包括马克思主义哲学、政治经济学、科学社会主义三个主要组成部分在内的全部重要内容。"原理"课要准确地阐述马克思主义基本立场、基本观点、基本方法，又要站到 21 世纪的高度，反映时代的和实践发展的要求，帮助学生学习马克思主义的基本立场、基本观点和基本方法。"原理"课不是按照马克思主义的三个主要组成部分简单地叠加在一起，而是要求把马克思主义这三个组成部分有机结合起来，揭示它们的内在逻辑联系，从整体上研究和把握马克思主义，给学生以马克思主义的完整概念，并引导学生运用马克思主义的立场、观点和方法来分析思想问题、社会问题和发展中的问题。"原理"课紧紧围绕什么是马克思主义、为什么要始终坚持马克思主义、怎样坚持和发展马克思主义这一主题，以马克思主义世界观和方法论为重点，人类社会发展的基本规律为主线，全面阐述马克思主义的基本原理。"原理"课共包括绪论和七章内容，包括什么是马克思主义，为什么要坚持马克思主义，怎么坚持和对待马克思主义；包括辩证唯物主义、历史唯物主义和认识论；包括资本主义的形成、本质和发展变化；包括社会主义社会的发展和共产主义一定会实现。

要从马克思主义三个主要组成部分的内在统一和有机协调上进行教学，这样更符合马克思主义作为一个完备的严谨的世界观和方法论的本性，更有利于帮助学生树立马克思主义的完整概念，准确把握马克思主义的科学精神、科学态度、科学方法，有利于帮助学生运用马克思主义立场、观点和方法认识重大的理论问题和现实问题。

3. 毛泽东思想和中国特色社会主义理论体系概论

"毛泽东思想和中国特色社会主义理论体系概论"着重讲授中国共产党把马克思主义基本原理同中国实际相结合的历史进程，充分反映马克思主义中国化的三大理论成果，坚定在党的领导下走中国特色社会主义道路的理想信念。"概论"课程的开设，从理论渊源、时代要求和发展规律上，能够系统阐述马克思主义中国化的理论成果，使党的基本理论、路线、纲领、经验既有机统一，又完整、准确、连贯地展现出来。课程对马克思主义中国化的三大理论成果的形成和发展过程进行准确的分析和论述，努力突出三大理论成果之间的一脉相承和与时俱进，突出每一个理论成果各自的理论创新，体现着不同的时代特征、历史背景和实践经验；帮助大学生深刻领会党的三大理论成果的深刻内涵和精神实质，完整把握基本原理、基本观点和基本知识，并把马克思主义中国化进程中产生的、成为中国化马克思主义的三大理论成果，作为一个一脉相承而又与时俱进的统一整体来把握。教材着力分析我们党怎样适应时代和历史的发展，在中国革命、建设和改革的进程中，不断从中国的实际出发，在不断总结正反两个方面历史经验的基础上，把马克思主义基本原理同中国的具体实际结合起来，实现党的指导思想的与时俱进，从而推动中国革命、建设和改革事业的发展。"概论"作为一门思想政治理论课，坚持理论联系实际、贴近实际、贴近生活、贴近学生，关注重大现实问题和学生的思想实际，着眼于帮助大学生在重大政治问题上明辨是非。

4. 中国近现代史纲要

"中国近现代史纲要"课列为高校四年制本科思想政治理论课的四门必修课之一。课程设置适应党和国家事业发展的需要，反映了高校师生的愿望和要求。我国历来有重视历史研究和历史教育的传统。历史知识在青年学生的世界观、人生观、价值观形成方面发挥着重要的作用。"中国近现代史纲要"主要讲述1840年至现在的历史发展，使学生理解"三个选择"的历史必然。中国近现代史的核心内容，就是了解外国帝国主义入侵中国及其与中国封建势力相结合给中华民族和中国人民带来的深重苦难，了解近代中国面临的争取民族独立、人民解放和实现国家富强即现代化这两项历史任务，中国人民为救亡图存和国强民富而英勇奋斗、艰苦探索的伟大实践，特别是广大人民群众在中国共产党领导下经过新民主主义革命和社会主义革命，把一个积贫积弱的旧中国逐步变成一个初步繁荣昌盛的社会主义新中国的伟大实践。通过中国近现代史的教育，可以帮助青年学生进一步了解国史和国情，进一步认清中国近现代历史发展的规律，深刻领会历史和人民怎样选择了马克思主义，选择了中国共产党，选择了社会主义道路。

这四门思想政治理论课之间既有着内在的逻辑联系，又有着各自的特色。这就要求我们要认真分析这四门课，把握它们之间的密切关系。同时又要深入探讨各自的特色内容，从而在教学实践中更好地实现思想政治理论课的社会功能。

（二）课程内容特色

首先，我国高校思想政治理论课课程内容最明显的特色就是坚持了正确的政治方向。几次对思想政治理论课程大规模的改革，始终坚持了社会主义、共产主义的政治路线，始终坚持了马克思主义的理论指导。正是因为在思想政治教育中政治方向的坚定，才造就了一批批社会主义建设的优秀人才，保持了国家政治的稳定、社会的稳定，保证了社会主义社会建设的稳定发展。

其次，我国高校思想政治理论课课程内容都具有思想政治教育内容。社会主义的合格人才必须是社会主义的坚定拥护者，愿意为社会主义中国的发展贡献自己的力量，思想政治理论课程开设就是为这个目的而存在的。从这四门思想政治理论课的课程开设目的来看，思想政治教育目的是大于历史知识传授的。

再次，我国高校思想政治理论课程的内容是通俗易懂的。思想政治理论课程虽然包括政治内容、历史内容、道德内容，但又不同于政治经典、道德经典枯燥或深奥，思想政治理论课程的内容都是让大学生能容易理解和接受的。

最后，我国高校思想政治理论课程的内容都是理论联系实际。思想政治教育的经验告诉我们，思想政治教育不能够脱离现实和时代特征。从上述的历史回顾里可以看到，思想政治教育的课程和科目始终紧密联系时代和党的理论成果。

三、加强高校思想政治理论课教学实效性

高校思想政治理论课承担着对大学生进行系统的马克思主义理论教育，用发展着的马克思主义武装学生头脑，帮助学生树立正确的世界观、人生观和价值观的任务。切实增强高校思想政治理论课的教学实效性是加强和改进大学生思想政治教育的关键，要充分调动教学各要素，真正使思想政治理论课发挥大学生思想政治教育主渠道、主阵地的作用。

（一）以学生为本，树立新的教学理念是提高教学实效性的重要前提

实现教学实效性的提高，是一个立体的全方位的工作，其中，必要的一个前提就是要树立"以学生为本"的思想，才能更好地调动课堂中的一切因素为教学服务。这就要求教育者要充分重视学生在课堂教学中的角色地位，把课程中的社会需求和个人需求相结合，把教学内容与学生的实际相结合，真正做到教学内容的深入人心。

树立以学生为本的教学理念，首先，要了解和掌握学生的思想状况。改革开放以来，我国发展社会主义市场经济解放和发展了社会主义社会的生产力，增强国家的综合国力，提高人民的生活水平，调动了人们的积极性和创造性。但也要看到，市场自身的弱点和消极方面反映到道德生活中来，给人们的思想带来了某些消极影响。要正确地面对社会发展中的新问题，增强课程的现实说服力。这就要求教师要掌握学生的思想动态，了解学生懂得什么、关注什么，在课程的教学中有针对性地予以解决。

其次，要帮助和引导学生正确地解决实际问题。要用正确的理论引领高校大学生成长成才，帮助学生解决实际问题，为将来服务社会打下扎实的基础。思想政治理论课不停留于一般知识性的讲解，而是一种含有价值取向的课程教育。大学生不仅要有知识、素质和能力，更重要的还是要有坚定正确的政治方向。思想政治理论课所传授的马克思主义的理论，对于大学生正确地分析问题，在纷繁复杂的环境中增强明辨是非的能力，始终坚持正确的政治方向具有重要意义。课程中对大学生进行理想信念、爱国主义、道德修养、人生价值和法律基础等方面的教育，帮助大学生更好地成长。同时，教师要了解学生的身心特点，把握学生的学习和生活情况，有效地解决他们的实际困惑，才能更好地激发他们上课的兴趣。

最后，要尊重和理解学生。当前，大学生的就业问题比较突出，学生把专业课学习以及将来的就业看作重要的目标。这就要求我们，在思想政治理论课教学的过程中有意识地将理论与实际相结合，深入浅出地阐述理论在专业学科中的指导作用。在讲课的过程中，

有效地将思想政治理论课的相关内容与专业课结合在一起，能科学地指导学生学习并提高学生的学习兴趣。

（二）科学安排教学内容，紧跟时代发展是提高教学实效性的重要基础

高校思想政治理论课要十分注重教学内容的整理和革新。教师要有创新意识，在教材内容的重点和难点上下功夫，在反映时代发展的热点上下功夫，在与学生联系紧密的问题上下功夫，才能引起学生的共鸣，取得良好的教学效果。

思想政治理论课要以教材为依据确定教学的基本内容。首先要认真研读教材。每一门课的教材都是一个完整的逻辑体系，要精读课本，准确把握教材中的教学重点问题和理论难点问题。教师应以新修订的教材为依托，构建以教师、教材、学生三位一体为基本特征的和谐教学模式；其次，要实现教材体系向教学体系的转化。教师在准确把握教材内容的基础上，根据课时要求，结合自己的讲课风格，在符合教学大纲基本要求的基础上，重点讲好若干基本问题；最后，要实现教学与科研的有机结合。科研是全面提高教师素质和教育教学质量的重要途径和有力手段。教师要针对教学实践过程中的问题进行深入思考，并把自己的研究所得更新充实到教学内容中，对教学内容进行更加深入系统的讲解。

（三）以教师为主导，增强教师魅力是提高教学实效性的关键

教师始终是思想政治理论课的主导，而且教师的授课风格极大地影响着学生对课程的评价。提高高校思想政治理论课的教学实效性的关键的一环就是增强思想政治理论课教师的素质。

1. 成为有魅力的教师，必须不断增强自己的理论素养

教师作为"教"的主体，要在思想政治理论课的教学内容日益丰富的情况下不断增强自己的理论素养。高校思想政治理论课的一个特点就是理论性强。这就要求思想政治理论课教师要有深厚的马克思主义理论知识和丰富的科学文化知识。一方面，教师应该扎实地阅读和认真钻研马克思主义经典原著，真正掌握马克思主义理论。教学中适时地引用原著和科学地阐释原著，能使观点更有说服力，课堂更有信服力；另一方面，教师有丰富的科学文化知识，能在讲课的过程中做到既有经典的理论阐释，又能旁征博引、融会贯通，更好地达到大学生对课程的自觉认同。高校思想政治理论课教师只有具备深厚的理论功底，并把它内化为自己的理论信仰，才能科学地展现出理论的魅力，赢得大学生的真正认可。

2. 成为有魅力的教师，要带着真情上课

思想政治理论课教学既要以理服人，更要以情动人。以情动人，就是调动师生之间真实的情感，使学生的思维与思想政治理论课教学的内容产生共鸣。教师对职业的热爱是教师能在课堂上讲出真情实感的基础。教师应把对教师职业的深深热爱，化作上好每一堂课

的动力。思想政治理论课的每一门课都有它内在的情感基础和基调。教师在三尺讲台上，应用自己对知识的理解和人生的感悟，用真情去感染大学生，尽可能地帮助和引领大学生健康成长。教师对课程的热爱是教师能真正在课堂上讲出真情实感的关键。思想政治理论课教师要加强自身的理论修养，坚定马克思主义的信仰，丰富中国特色社会主义理论知识，不断增加自己对所授课程的热爱。教师只有热爱所授的课程，才能充分发挥主观能动性，调动课上课下一切的积极因素，饱含激情地讲好每一节课。

3. 成为有魅力的教师，要十分注重语言的表达

教师授课的内容要通过语言表达出来，教师讲课时的真情实感要通过语言表现出来。语言是传递信息、传情达意的重要媒介，语言是授课内容的重要表现形式。所以教师在增强自身理论修养的同时，要非常注重语言表达。教师首先要用标准的普通话来讲课，做到内容准确、表达清晰、声音洪亮。其次，教师在讲课时，要把握好说话的速度，做到语言的抑扬顿挫，才能产生良好的教学效果。教师是课堂的信息源，学生是课程内容的接受者，老师说话语速过快或过慢都不利于课堂教学。教师在讲课过程中，要通过抑扬顿挫的语言来突出重点和调动学生的情绪。最后，要注意语言的简洁和优美。优美的讲课语言可以为课堂起到"锦上添花"的作用。教师的语言是其学识、情感的集中表现，是连接与沟通师生的纽带与桥梁。教师要用心锤炼语言，以更有效的方式来服务课堂教学。

（四）创新教学方法，提高课堂吸引力是提高教学实效性的重要保证

思想政治理论课教学方法是教学内容的表现形式，科学合理的教学方法能够促进课堂更有效地传播知识。改革和创新教学方法是提高思想政治理论课教学实效性的关键。思想政治理论课教学主要是以教师理论讲授为主，在此基础上积极有效地利用多种教学方式，可以提高学生的课堂注意力，实现课堂教学的有效性。

1. 科学利用多媒体教学

高校思想政治理论课教学中应充分利用现代化的教学手段，使用多媒体课件教学。思想理论政治课一般都采取合班大课的形式，单纯的板书教学，后排的学生看不清，而且学生会因抓不住老师的讲课内容和思路而容易走神。使用多媒体课件能够字迹清楚、图文并茂、思路清晰地将课程内容连续展现出来，突出内容的难点和重点，有效地抓住学生的注意力。并且，多媒体课件制作可以及时地通过文字、图片、音像资料等形式把社会时事热点问题及时地贯穿进来，增强了课程的时代性和实效性。多媒体课件的制作和使用在课堂教学中也存在几个应该注意的问题。有的老师的多媒体课件内容仅仅是书上内容的翻版，课件上字数很多、字体很小，缺乏图片、例子、音像资料等生动的教学内容，课件内容枯燥无味，不能提高学生的学习兴趣。多媒体教学过程中还存在人机互动的问题，教师成了

放映员，教师的表情、姿态和对课堂的掌握能力变弱。教师应在课堂中积极挖掘多媒体教学的优势，实践中逐渐探索出人机和谐教学模式。

2. 积极利用互动式教学

教师是思想政治教育理论课"教"的主体，学生则是"学"的主体。教师应采用启发式教学，给大学生必要的思考空间，让他们积极主动地参与到教学过程中。一是积极进行课堂提问。课堂提问是抓住学生注意力的有效方式。教师在课堂教学中采取直接理论讲授的方法，时间长了，学生也会有懈怠的感觉。适时穿插提问，能启发学生思考，留给学生思考的空间，同时也能认真听别的同学对此问题的见解。老师把理论全面深刻地阐释清楚的时候，学生对问题的理解会比较深刻。二是有效组织课堂演讲。高校思想政治理论课采取合班授课的形式，比较难组织课堂讨论和辩论等形式。教师要通过有效的互动方式，发挥学生的主动性，让学生成为课堂的主导。

3. 运用案例教学法

案例教学法是思想政治理论课教学中非常适用的一种教学方法。案例是对教材抽象理论的一种诠释，能增强学生对教材内容的认识和理解。高校教师要根据教学内容和要求，精心选择一些具有时代性、典型性和启发性的案例，让学生分析和讨论，既深化了学生对理论的认识，又提高了学生分析问题和解决问题的能力。教师在广泛收集教学案例的同时，要注意以下几个选择原则：第一，案例要有典型性，要有针对性和目的性地选取最能说明问题的案例，这样对理论讲授才深刻，也更有说服力；第二，案例要有时代性，要紧跟时代步伐，选择当今时代涌现出的杰出代表的事迹，才更有感染力；第三，案例要尽量贴近大学生，学生才能在案例中产生启发与共鸣，才更有导向力。高校教师要立足学生的专业背景，在遵循以上原则的同时选择一些与学生专业紧密结合的典型案例引入教学，对学生更有说服力和引导力。

第二节　提升校园文化氛围

一、校园文化的基本内涵

（一）校园文化的定义

校园文化是指除了第一课堂以外的和师生有关的学校其他一切教育活动，是学校育人环境的综合体，它从思想、文化、道德、人际关系等方面直接或间接地作用于广大师生的学习、工作和生活的全过程。校园文化是大学生群体所特有的"文化标签"，是社会文化中较有影响、生命力旺盛、前卫意识较浓厚的一种亚文化，是以高校师生为主体、以弘扬时代主旋律为主要特征、以第二课堂活动为主要内容的一种群体文化，对大学生思想政治素质的养成，对学校精神文明建设起着不可替代的作用。校园文化集中体现一所学校的发展状况、精神面貌、传统作风和理想追求，是在学校教育教学和管理实践中逐渐创造生成的，对提高全体师生凝聚力，营造优良的校风学风，提高学生思想道德素质，推进学校可持续发展都具有重要的意义。

校园文化从形态上可分为物质文化、制度文化、精神文化等几个层次，其中，物质文化是校园文化的外层和象征；制度文化是校园文化的中层和标志；精神文化是校园文化的核心和灵魂。校园物质文化也可以称为校园实体文化。它是指由学校师生员工所创造与创新的各种物质设施所构成的实体文化，即能够通过感觉器官感受到的综合物质形态系统。主要包括校园的整体布局、建筑风格、师生员工工作、学习、生活、休息、娱乐的环境以及景点标志等。校园制度文化是校园文化形态中的中层文化，它包括管理体制、组织机构、行为规范、规章制度、传统习惯、领导风格、师生关系以及师生员工工作、学习、娱乐活动等，这些内容会以成文或不成文的规定为学校师生所接受和奉行。其中，学校的领导体制、组织机构和管理方针制度等是校园文化的支架。高校精神形态文化是校园文化的核心和灵魂。它是指在一定的社会历史条件下，为谋求生存与发展，达到既定的教育目标，在长期的校园文化创造过程中积淀、整合、提炼出来的，反映学校师生员工的群体意识和本校特征的文化观念。它主要包括道德观念、价值观念、审美观念、心理情感、思维方式、学术风气、治学风格、学校传统和作风等。

（二）校园文化的功能

校园文化的功能，是指校园文化在内部和外部的联系和关系中表现出来的特性和能力。

1. 感染熏陶功能

校园文化作为一种文化环境更多地是对人的熏陶作用。良好的环境对人的成长和发展具有感染力、号召力和约束力，师生长期置身于其中，通过耳濡目染，必定会在不知不觉中陶冶情操，养成良好的个人气质和内涵。优良的校园文化能够以浓郁的文化氛围增进大学生的道德修养、思想进步和素质提高。校园文化中的学风、校风、校园氛围的教育，正是通过耳濡目染、内心的体验和情感的熏陶来实现的，使大学生能够在一种平等自由的气氛下交流思想和情感，使学生在不知不觉中受到心灵的感染、情操的陶冶、哲理的启迪，思想感情发生变化。

2. 价值导向功能

校园文化的价值导向功能，是指校园文化可以通过自身各种文化要素的综合作用，引导大学生主动接受一定的价值观和行为准则，使他们向着社会和学校所期望的方向发展。高校发挥校园文化的导向功能，必须坚持以中国特色社会主义核心价值体系作为校园文化的价值取向，对社会文化进行有针对性的评价、比较和选择，以提高师生员工的鉴别能力和思想政治素质。在大学校园这一特定的环境里，大学生所能看到、听到或以其他方式感受到的，都传递出一定的价值观信息，校园文化强调学校目标与学校成员工作目标的一致性，强调群体成员的信念和价值的共同性。优质的校园文化，能把大学生引导到正确的方向上来，使他们树立正确的世界观、人生观和价值观，端正学习态度，明确学习目的，积极主动地适应当前社会的新要求，成为社会有用之人。

3. 行为规范功能

校园文化体现了校园中的主导价值观、集体荣誉感和精神意志，它外化为规章制度，内化为内心信念，是对大学生影响力很强的一种规范力量。校园文化对校园人的行为有着广泛的约束规范作用，这种规范既有硬性约束，也有软约束。其中，大学制度文化中的条例、准则、守则等规章制度具有强制性，起着直接规范和约束大学生思想与行为的作用。这些规章制度划定了大学生日常活动的范围，会对大学生起到相应的约束作用，从而使学生能够调整自己的行为，以便符合社会和学校的要求。与此同时，一定的校园文化，为生活在其文化氛围内的大学生在评定自己的品质、行为和人格等方面提供了内在的尺度。这些群体规范或价值准则虽不带有强制性，但它在大学生个体心理上所起到的影响和作用往往比行政命令更为有效，更能改变大学生的个体行为，它使大学生自觉地约束自己，规范自己的行为，使之符合群体的规范，并与群体行为协调起来。

4. 凝聚激励功能

校园精神文化所蕴含的最深层次是师生共同认同的价值观，校园精神一旦形成，就会长期不断地对师生施加影响，引导师生树立共同的价值观和信仰，形成一种无形的强大的向心力、感召力和凝聚力，从而使其对学校及校园人都具有一定的凝聚和激励作用。高校发挥校园文化的导向功能，必须坚持以中国特色社会主义核心价值体系作为校园文化的价值取向，对社会文化进行有针对性的评价、比较和选择，以提高师生员工的鉴别能力和思想政治素质。校园精神文化由于充分体现了校园人共同的思想意识、价值观念、工作作风、行为方式等，对每一个校园人都具有心理上、情感上的凝聚力量，从而使高校的全体校园人形成团结一致、齐心协力的工作和学习态度以及积极的群体意识，进而创造出极具亲和力的工作、学习和生活的校园环境。

5. 人格塑造功能

校园文化作为师生员工长期生活于其中的、可知可感、具体生动的一种微观社会环境，在一定程度上有利于师生员工人格的塑造及对自我完善、自我发展的追求。校园文化是通过一定的文化氛围和精神环境使生活在其中的个体无形中在思想观念、心理素质、行动方式、价值取向等诸方面对现在的文化价值产生认同，从而实现对个体精神、心灵、性格的塑造。校园文化所营造的氛围，使校园主体在不知不觉中受到熏陶，进而上升为情感和意志，久而久之便形成了品格。

（三）校园文化建设的重要意义

1. 校园文化建设是社会主义精神文明建设的重要组成部分

校园文化是社会主义文化的一部分，是社会主义精神文明建设的重要内容。学生在和谐健康的校园环境、丰富多彩的校园文化活动中，不断塑造良好的道德品质，形成坚定的共产主义信念。先进的校园文化一旦确立形成，就会形成一股强大的精神力量，对学生的精神世界产生深远和广泛的影响。校园文化建设与社会精神文明建设相互联系、相互促进，有益的社会精神文明建设成果能促进校园文化的健康向上发展，校园文化建设能引导和保证社会精神文明建设目标的实现。

2. 校园文化建设是大学生思想政治教育的重要途径

构建校园文化的目的，就是为实现高校人才培养目标服务，使大学生在德、智、体、美、劳等方面得到发展，完善自己的人格，陶冶自己的情操，形成正确的价值观和人生观。校园文化的特点决定了利用校园文化进行思想政治教育是行之有效的重要途径之一。校园文化符合青年大学生的身心发展特点，体现了青年大学生的要求，它紧密联系时代，关注并积极回应社会的新情况、新问题。同时，学校通过举办一系列丰富多彩的活动，可以广泛吸引大学生的兴趣和积极参与。校园文化集中体现着全体成员的共同价值观念，它像一根无形的纽带，连接着全体成员，使个体有意无意地受到启发和感染，进而形成一种自觉、内在的驱动力，促使大学生去遵循校园文化的价值规范。

3. 校园文化建设有利于提升青年大学生的素质

校园文化建设的价值目标就是实现校园文化建设主体的自由全面发展。大学生在校园文化实践中，既是主体，又是客体。学生参加校园文化建设的实践活动，创造自我教育的环境与条件，弥补课堂教学之不足，使大学生在互动过程中发展自己的才能与爱好，提高自己的综合素质。校园文化基于大学生的自主选择性，就必须对校园文化建设进行科学规划，积极倡导健康向上的文化活动，坚持弘扬主旋律，反对社会上一些消极落后的文化现象向校园的渗透。同时，要对大学生进行世界观、方法论的教育，提高他们分辨是非的能力，自觉抵制不健康文化的影响，为青年大学生的全面发展提供更为广阔的空间。

二、当前校园文化建设中存在的主要问题

（一）只注重校园物质文化建设，忽视校园精神文化建设

高校作为培养人才、传承民族精神和文化的主渠道，校园精神层面文化的建设应成为

校园文化建设的核心，并形成独特的精神文化风貌。这种精神文化是学校全体人员长期或短期的意识思维活动和一般心理状态的总和，是一个学校的灵魂。校园精神对大学生的人生观产生着潜移默化的深远影响，而这种影响往往是任何专业课程所无法比拟的。

校园文化建设的深层次要求形成自己独特的精神财富和文化理念。就当前校园文化整体发展现状看，相当一部分学校在推进实体文化、制度文化建设，在促进校园精神文化的形成中，尚未注重体现各学校的自身特点、历史渊源和发展趋势，校园文化建设趋于一般化。文化现象应该有其共性，这是由文化的属性所决定的。但文化又是多元的，校园文化更是这样。首先，每个学校的历史不尽相同，在长期的发展过程中所形成的传统和精神也是不同的，这需要我们去挖掘这种文化的精华部分；其次，不同的高校有不同的办学定位和办学特色，我们可以创造出反映学校独特办学理念、人才培养模式的文化。抓好挖掘自身文化精华、创造鲜明特色文化这两个方面的建设，形成一种独特的精神财富和文化理念，应成为校园文化建设的一个方向。校园文化是满足学生精神生活需求的主要途径，但是，这种现象与全面培养学生综合素质的要求之间存在着矛盾。而且不少活动内容贫乏，形式单调，层次较低，不能满足高层次主体的需要，以致校园文化不能起到导向作用，而难以实现其总体功能。

（二）只追求校园文化活动繁多，忽视校园文化质量建设

当前，校园文化繁多，主要偏重于丰富学生的业余生活，但把校园文化建设与学校的专业设置、师资配备、课程开设等割裂开来，文化建设并没有深入到对师生的内在追求的引导上，强化了世俗功利主义的地位。这势必使校园文化建设缺乏系统性和长期性，极大地限制了校园文化功能的发挥，削弱其在高校完成其培养目标过程中的作用。当前高校的有些校园活动缺乏思想性和艺术性，没有起到应有的教育作用。在开展校园文化活动时，主办者首先要有明确的目的，即通过这项活动要培养或锻炼学生的什么能力。这就要求校团委，院系分管领导，学生会干部要加强审查，对有意义的校园活动给予大力支持，对毫无意义的活动甚至有些反面的活动要坚决予以抵制。学生一味地忙于组织开展活动，过于频繁又缺乏主题的活动，实际上很可能超越了学生的承受能力，使他们把这看成是走过场，产生厌烦甚至抵触情绪，这既降低了活动的成效，又会使活动丧失长久的生命力，使校园文化片面发展。

（三）建设校园文化的有效途径

高校肩负着培养社会主义事业接班人和建设者的任务，要坚持马克思主义对校园文化建设的主导地位，让积极健康、高尚的精神产品占领校园文化阵地，形成浓郁的文化氛

围，真正做到以科学的理论武装人，以正确的舆论引导人，以优秀的作品鼓舞人，以高尚的情操塑造人。

高校应以科学的理论指导校园文化建设，坚持党的领导和社会主义先进文化的发展方向，引导学生树立坚定的理想信念和知行统一的思想观念。建设校园文化，要牢牢把握社会主义核心价值体系，弘扬和培育民族精神，提炼学校精神的核心价值观念，提升校园文化的内涵品位，发挥校园文化的创造力和辐射力，不断丰富和谐文化内涵。

三、校园文化环境建设

环境在育人中的作用不应忽视，在校园文化建设中，要突出环境在大学生思想政治教育中的育人功能。校园物质文化是高校各种客观实体的总和。它包括学校的环境面貌、自然物、建筑物以及各种设施等。因为这些都是自然界的人化，融入了人们的创意、知识、技能、价值取向和精神理念，已经不单单是一个个物体或建筑物，而成为校园文化的重要部分。加强校园文化的环境建设，主要包括自然环境与人文环境。

（一）重视校容校貌建设

包括学校的建筑风格、绿化美化的程度、自然风景特色、环境整洁水平、设备现代化层次等。校园内应有与本校相关的大家、名师的雕像，主题文化广场，校友捐赠的奇石，校园的花草树木，学校的文明标志牌等。加强校园规划和建设，特别是要做好绿化、美化、亮化工作，用优美的校园容貌激发大学生的爱校热情，陶冶大学生关爱自然、关爱社会、关爱他人的美好情操。这些物质文化都应该按"艺术"精品的标准来建设，体现出人文气息，反映出学校的文化传统和价值取向。通过学校建筑造型、人文景点来亮化塑造校园的整体形象，这对学生的成长必将起到潜移默化的教育作用。

（二）注重校园人文环境建设

要写好校史，建好校史陈列室，通过资料记载和图片宣传生动形象地反映学校办学历程，激励大学生继承和弘扬学校优良传统。要倡导大学生牢记校训、学唱校歌、佩戴校徽，激励大学生热爱学校、刻苦学习。要让黑板报、宣传窗、校训标志、电子标语随处可见，广播、校园网进入公寓，使学生在课余随时随处既可以学习相关学科与人文科学等知识，又渲染出浓厚的文化与学术气氛。要在校内主干道旁立下古今中外名人雕塑并刻上名言警句，在教室走廊及教室悬挂名人画像和名人名言，充分发挥校园文化对人的思想情趣的引导作用，以启迪师生的奋进精神。

四、加强校园文化制度建设

校园文化是我国社会主义精神文明建设的重要组成部分，在构建过程中必须始终坚持社会主义方向，弘扬主旋律，倡导新风尚。校园制度文化是对高校师生的培养目标和发展方向提出的进一步规定和具体要求，它作为校园文化的内在机制，是维系学校正常秩序必不可少的保障机制，是校园文化建设的保障系统。校园文化建设特别需要进行科学的管理，最大限度地发挥校园文化活动的各种功能。

（一）加强队伍建设

高校要从学校发展全局和人才培养战略的高度，充分认识和加强校园文化建设的重大意义。高校党委要加强对校园文化建设的领导，把校园文化建设纳入学校建设与发展的长远规划和年度计划，并制订具体的校园文化建设方案，形成在学校党委的领导下，党政工团齐抓共管、分工负责的管理体制。校园文化建设与高校的各个方面的工作都有着密切关系，要充分发挥党团组织和学生会、学生社团在校园文化建设中的重要作用，推动校园文化建设深入发展。要把学生、教师、院系学生管理工作者这三种校园文化建设的主体有机地组织起来、整合起来，形成推动校园文化建设的强大合力。

（二）加强制度建设

要制定完善一系列校园文化管理制度，使校园文化活动有章可循，做到弛张适度，实现校园文化活动作为第一课堂的延伸和补充作用。要建立健全校园文化建设的各项管理规章制度，使学校各项工作有章可循。要建立和完善校园文化建设检查评估制度，把校园文化建设纳入高校的教育教学、行政管理、后勤服务评价体系，做到定期检查评估。我们应根据高校师生的具体情况，制定符合学生实际的、操作性较强，体现科学性、人性化的规章制度。

（三）加大经费投入

校园文化建设需要一定的经费予以支持和保证，没有必要的经费支持，再好的办法和措施也难以实现。高校要把校园文化建设经费纳入学校预算，尽可能在人力、财力、物力等方面加大投入，确保校园文化建设的各项工作能够顺利开展。要采取有效措施，及时解决校园文化建设中遇到的实际问题和困难。

第三节　挖掘优势网络资源

一、高校网络思想政治教育的内涵

（一）高校网络思想政治教育的定义

网络思想政治教育是现代社会信息技术的产物，它将思想政治教育与互联网很好地结合在一起，将传统思想政治教育的工作范围、教育手段及方式进行扩展和延续。高校网络思想政治教育，是结合大学生个体特点，综合了现代管理学、传播学、信息科学、思想政治理论，以互联网为纽带来实施的思想政治教育活动，是思想政治教育在互联网络环境下的体现。高校网络思想政治教育的内容包含了大学生日常学习生活的方方面面，不仅有对大学生上网活动的正确疏导，还有网下对其进行的心理咨询、答疑解惑等各种内容。

高校网络思想政治教育基本上经过起步、成长和发展壮大的过程。随着我国改革开放的不断推进和市场经济体制的逐渐建立，高校日益认识到网络建设的重要性，加大了对网络建设的力度，硬件和软件设施大量增加，校园信息网络环境基本形成。高校思想政治教育工作者经过认真探索，增强了把网络作为思想政治教育工作新渠道、新手段的机遇意识和主动意识，纷纷建设思想政治教育主题网站或网页。

（二）高校网络思想政治教育的特征

1. 网络思想政治教育的互动性

网络思想政治教育为教育者与受教育者提供了一个交流互动的平台。教育者和受教育者可以一起探讨共同关心的问题，使教育者与受教育者的地位平等，教育者为受教育者提供信息供其选择，而不是单纯"灌输"。在网络思想政治教育中，大学生主体性得到极大的强化和提升。在传统的思想教育中，受教育方往往处于被动地位，教育工作者主要采取灌输的方式，但在网络教育中，大家都处于平等的地位，一切交流都是交心讨论式的。学生可以主动获取信息，能及时地将信息予以反馈，网络的隐蔽性和开放性，可以使教育者和受教育者之间开诚布公、毫无顾忌地进行交流，缩短了人际心理距离，使受教育方在思想碰撞中自然而然地接受引导。网络为我们提供了实现多样化教育方法的可能，运用网络来进行思想政治教育已成为高校思想政治教育工作的优势。

2. 网络思想政治教育的快捷性

网络思想政治教育的快捷性是由网络本身的特点决定的。网络具有信息传递速度快、传输量大、发布灵活及时等特点，它可以在很短的时间内迅速地把握国内外正在发生的政治、经济、社会生活等各方面的信息，网络思想政治教育可以通过专栏，在网上讨论问题、交流思想、互通信息，能及时发现学生思想中存在的问题。思想政治教育工作者可以从网上了解大学生的真实思想动态，有针对性地在网上发布正确的思想信息来教育引导大学生，使其树立良好的思想信念，从而提高大学生思想政治教育的时效性。思想政治工作者应密切关注网络，及时发现学生的思想动态，及时与学生沟通，这样才能起到思想政治教育的作用。

3. 网络思想政治教育的针对性

网络思想政治教育工作者可以通过网络掌握学生的思想动态，第一时间将正确的信息传递给学生，凸显网络思想政治教育的针对性。通过网络，大学生不仅可以了解学校的动态，而且也能关注到国家政治、经济、文化等方面的情况。大学生可以通过网络对普遍关注的校园问题和社会热点问题，毫无保留地发表自己的真实想法和观点。教育者可以收集到学生们关注的热点、难点问题，可以了解到学生们真实的思想动态，能及时地分析、疏导，这有助于提高思想政治教育的针对性和实效性。思想政治工作与网络联系起来，教育工作者通过对网上资料的收集整理，找出具有普遍意义的一些问题，有针对性地进行分析教育，使思想政治教育更具针对性和现实意义。

（三）高校网络思想政治教育的重要意义

上网已经成为大学生生活的主要内容之一，高校网络思想政治工作也就显得必要且日益紧迫。高校网络思想政治教育是提高大学生的思想道德素质、促进大学生的全面发展的过程，是对传统思想政治教育系统科学理论的进一步推广。网络思想政治教育，已经给高校思想政治教育的手段、方式和效果带来巨大的变化。

1. 网络思想政治教育拓展了高校思想政治工作的渠道

思想政治教育网络化，就是思想政治教育同计算机技术相结合的产物，其教育方式是通过制作、传播和监控网络信息，客观引导大学生正确地吸收信息，从而达到高校思想政治教育的目的。改变传统的面对面的灌输式教育，通过网络全天候互动交流平台，运用信息网络技术手段，将有关政策和思想政治教育素材面向学生公开，这也是网络对传统的高校思想政治教育方式更新的重要方面。因特网的快速传播、同步交流、信息检索等形式为高校思想政治教育工作提供了一个全新的平台，大大增强了思想政治工作的辐射力、吸引力、感染力。学校教育的主、客体不再局限于老师和学生之间，教育者可以通过网络中灵活多样的教育形式把教育内容传输给学生。

2. 网络思想政治教育丰富了高校思想政治教育的资源

高校思想政治教育可以通过网络铺展一个知识容量充足、信息导向正确、教育形式多样的教育资源平台。网络是一个巨大的信息宝库，它使思想政治教育内容变得丰富、全面和生动，学生能够及时地得到所需的教育资源。大学生可以通过网络提供的汇集大量信息资源的数据库，进行思想政治学习。网络多媒体技术的发展，将优秀的高校思想政治教育资源通过网络进入大学生的选择范围，为大学生提供了新的数字化的电子教材和资料，让其有了更多自主选择的学习范围，在进行学习的过程中提高思想政治教育的效果。

3. 网络思想政治教育扩展了高校思想政治教育范围

网络思想政治教育为高校提供了广泛的传播途径，原来相对狭小的教育空间变成了全社会的、开放性的立体式教育空间。网络使得思想政治教育工作的社会化程度得到提高。过去传统大学生思想政治教育往往局限在课堂，网络的出现，把学生带入一个更为广阔的空间。不同地点的高校学生，既可通过网络共享思想政治教育资源，又可在网上自由地向老师咨询问题，与其他同学开展思想讨论。网络思想政治教育的这种广泛的空间性使得大学生思想政治教育不受时间和地点的制约。网络的发展也为社会各界参与高校思想政治教育提供了方便，最大限度地实现了高校思想政治工作的社会化。网络的发展为高校思想政治教育工作的创新提供了更多的发展空间。

二、着力加强高校网络思想政治教育工作

互联网已成为思想文化信息的集散地和社会舆论的放大器，要充分认识以互联网为代表的新兴媒体的社会影响力，高度重视互联网的建设、运用、管理，努力使互联网成为传播社会主义先进文化的前沿阵地、提供公众文化服务的有效平台、促进人们精神生活健康发展的广阔空间。因此，必须正视网络发展给高校思想政治教育工作带来的机遇和挑战，切实把网络这一资源运用好，推动高校思想政治教育工作。

（一）加强网络平台建设

大学生浏览和关注思想教育类网站的程度集中反映出高校网络思想政治教育的现状。思想教育类网站的点击率偏低是目前高校网络思想政治教育工作的薄弱环节，为了提高网络思想政治教育的主动性，必须建立一批思想政治教育的专业网站，形成思想政治教育工作的网络体系。要依托校园网建设，进一步创新网站建设形式，以贴近社会实际和贴近大学生生活为核心，完善充实教育内容。思想政治教育信息定期更新、丰富信息资源，保持信息的生机与活力。思想政治教育内容信息应避免呆板枯燥的模式，可充分挖掘电脑多媒体技术的潜力，使思想政治教育做到图文并茂，声像俱全。要打造全新的网络教育平台，

切实增强网站的吸引力和教育的实效性。

要突出高校思想政治教育网站的思想性。把建设立场鲜明、主旨全面、富有吸引力和感召力的思想政治教育主题网站作为网络思想政治教育平台建设的核心任务。要注重牢牢把握网络思想政治教育的主动权，充分利用互联网等现代化的教育手段，全方位、多角度地介绍国内外形势发展动态以及一些社会热点问题、焦点问题，运用马克思主义的基本立场观点和方法对大学生关心的热点和难点问题，进行有针对性的思想政治教育。要注重网站对学生求学获知的帮助，及时解答大学生学习中遇到的问题，为学生搞好学习提供方便。

要做好高校思想政治教育网站的互动交流。要针对一些大学生的现实情况，通过建立专门的大学生网上心理咨询机构、设立校园 BBS 等形式，在网站上设立心理教师在线咨询，及时与学生沟通交流，解决学生生活中的烦恼和思想困惑等。让学生在遇到困难的时候想起并需要思想政治教育网站，不断增强思想政治教育的互动性和实效性，不断增强思想政治教育的辐射力、吸引力、感染力，使网络真正成为对大学生进行思想政治教育的新阵地、新渠道。

（二）健全网络监管机制

网络的发展，为高校思想政治教育提供现代化教育手段拓展了空间和渠道，另一方面网络又为各种文化垃圾和负面信息的传播提供了方便。必须切实加强对网络的管理和控制，尽量消除网络对思想政治教育的消极影响，对于确保网络思想政治教育的效果具有重要意义。网络环境以分散的信息影响学生的思想，潜移默化地改变着他们的世界观、人生观和价值观，所以高校应积极运用技术手段和法律手段对网络复杂的信息环境予以整顿。

高校应建立起相应的监控机制，对网络信息进行筛选、分析，并适时对网上信息进行调整。这样不仅能及时了解学生的思想动态，而且能够及时地过滤一些错误的信息，对大学生的健康成长有很大的帮助。通过网络规章制度，规范网络行为，约束大学生的网上言行，帮助广大学生增强网络法制和网络伦理道德观念，提高辨别是非的能力，防止其受到不良信息的侵害。高校应通过内部系统的规划设置对境外有害网站和不健康的网站进行封堵，切实维护网络阵地的安全。高校信息技术管理者要注意对校园网的入口接点过滤技术的研究，采取切实可行的办法，还大学生一个清新、安全的上网环境。

（三）加强网络道德建设

高校在积极建设和努力推进思想政治教育网络化的同时，还要对大学生进行网络道德教育，使他们逐渐养成自律意识，培养社会责任感。

1. 对大学生进行正确上网的教育

要努力提高高校学生的思想道德素质，强化道德教育，使文明上网成为大学生的自觉行为。引导大学生树立正确的世界观、人生观、价值观，帮助他们学会分析问题和解决问题的科学方法，培养学生自我教育、自我管理、自我约束、自我负责的意识和能力。引导大学生在利用网络、满足学习和娱乐需求的同时，高度关注上网对身体健康的影响和危害，不迷恋网络，合理制订上网计划，以达到有效运用但有所节制的良好习惯。

2. 加强网络道德教育

高校可以通过相关课程，帮助大学生树立正确的网络观，使他们能够自觉地遵守有关信息网络法律法规和制度，对各种有害信息自觉地加以抵制，最终成为慎独、自律的网络道德主体。高校要开设与网络道德教育有关的课程，把网络道德有意识地融入高校思想政治教育的全过程，培养大学生对网络文化的识别警觉能力、自律能力和免疫能力，从道德、法律层面上引导大学生树立起正确的网络道德观，培养大学生文明上网、科学上网。同时也要以广播、报栏、校园网等作为载体，大力宣传网络素养教育的内容。要把正面引导作为学生网络素养教育的主要方式，不断启发他们的道德思维，使他们自主构建正确的网络观，培养和形成良好的网络道德行为。

（四）提高网络思想政治工作队伍整体素质

建立一支素质较高的网络思想政治教育工作队伍，是加强网络思想政治教育的保障。网络技术的发展给思想政治工作队伍提出了新的更高要求，只有适应这种要求才能有效地开展工作。思想政治教育工作者必须具备马克思主义理论基础、人文修养、计算机技术等多方面的素质。要吸引精通网络技术的科技人才到思想政治工作队伍中来，共同研究网络社会大学生思想政治教育的方法与措施。

高校思想政治教育工作者要努力地将思想政治教育与网络技术相结合，努力发挥校园网络交互平台的沟通教育功能，才能真正发挥出网络思想政治的教育功能。高校应着手建设一支既懂计算机网络技术，又善于利用网络开展思想政治教育的队伍，占领网络空间的主动权。思想政治教育工作者要不断丰富自己，掌握网络信息技术，学习网上教育方法，提高自身综合素质，以便能够及时收集、分析、监控网络信息。网络队伍要充分利用网络提供的信息，捕捉思想动向，深入把握大学生的基本思想状况，发现学生关注的热点、难点问题，并进而采取有效措施，有针对性地做好工作。要掌握心理学、教育学等与学生沟通，这样才能真正走进大学生的思想世界，掌握工作的主动性。这就需要思想政治教育队伍改变传统的教学观念，真正从思想上重视网络思想政治教育，积极参与网络思想政治教育。

综上所述，高校思想政治教育工作要通过网络，快捷、准确地了解师生的思想情绪和他们关心的热点问题，进行相互沟通；要及时获取大量有价值的信息，丰富思想政治教育的资源和视野；要开展形式多样、生动活泼的思想政治教育活动，满足学生成长成才的广泛需求。构建高校网络思想政治教育阵地是一项复杂而繁重的工作，需要学校师生的共同努力，需要不断摸索和实践，才能结合实际探索出一套高校网络思想政治教育工作的新路子，才能不断开创高校思想政治教育工作的新局面。

第四节　加强学生公寓管理

一、学生公寓管理作为大学生思想政治教育载体的可行性

学生公寓管理因其普遍存在于大学校园，并和思想政治教育在一定程度上存在目的的一致性，可以作为大学生思想政治教育的载体。

（一）学生公寓是大学生日常生活起居的主要场所

大多数大学生都是异地求学，离家远，学生公寓成了他们生活的重要组成部分。他们一入校门，首先需要认识的地方就是公寓，在公寓里他们安置各自的生活，结交来自全国各地的同学，开始慢慢地熟悉学校环境。学习期间，学生公寓为大学生提供休息、学习、娱乐的场所，他们在这里获得良好的睡眠条件，和同学交流各种各样的观点和看法，进行体育锻炼和文化娱乐活动，获得知识、获得友情。学生公寓是大学生生活的一部分。学生公寓在大学生生活中的这种普遍性为其作为大学生思想政治教育的载体提供了可能。

（二）学生公寓管理和思想政治教育有共同的目的

管理是通过一定的方式，协调人与人之间的关系，调动人的积极性和主动性，实现组织预期目标的活动。科学的管理理念从考察人的内在需要出发，通过满足人的需要，调动人的积极性和主动性。学生公寓管理的目的在于为学生创造良好的学习生活环境。为达到这一目的，学生公寓的管理必须考察大学生内在的需要，通过满足其需要，使其能以很好的身心状态学习。大学生内在的需要，包括物质需要和精神需要。满足大学生内在的精神需要是大学生思想政治教育的目的之一。共同的目的追求使学生公寓管理作为大学生思想政治教育的载体有了现实可行性。

二、学生公寓管理作为大学生思想政治教育载体的重要作用

学生公寓是人员密集的地方，数量众多的大学生在这里学习生活，把思想政治教育信息渗透在学生公寓管理中，能更好地贴近学生生活、贴近学生实际，提升大学生思想政治教育的效果。

（一）有利于将养成教育和思想教育相结合

管理实际上是一种养成教育。养成教育的目的在于使教育对象在一定的指导下形成良好的行为习惯。学生公寓管理要求大学生必须遵守公寓的各项规章制度，严格按照规定办事；否则就要受到相应的惩罚。这是培养大学生良好行为习惯的方式，属于养成教育的范畴。学生公寓管理作为思想政治教育的载体，可以将养成教育和思想教育紧密结合。管理以外在的强制的方式培养学生遵守规章制度的行为习惯。思想政治教育以教育引导的方式使学生接受遵纪守法的观念，并逐步内化为自己的道德认识、道德信念。管理和思想政治教育以内外合力推动大学生既形成遵纪守法的道德认知，又形成遵纪守法的道德行为。其中，遵纪守法的道德认知对大学生一生的影响力更深刻、更持久。

（二）有利于将解决思想问题和解决实际问题有机结合

大学生的很大一部分时间是在学生公寓度过的。他们思想上出现的一些问题和公寓生活紧密相连。把学生公寓管理作为思想政治教育的载体，可以及时地发现大学生生活中存在的各种问题，并能实事求是地深入学生生活，找到出现这些问题的客观原因，并采取有效措施加以解决。藏在大学生思想问题背后的现实问题解决了，思想问题会迎刃而解。

三、充分发挥学生公寓管理的思想政治教育功能

学生公寓管理作为大学生思想政治教育的载体，既有现实可行性，又能充分展现管理和教育的双重价值。高校必须重视学生公寓管理的思想政治教育功能。

（一）选拔一批兼有管理和思想政治教育经验的人从事学生公寓管理

既然学生公寓管理能成为大学生思想政治教育的有效载体，高校在任用学生公寓管理人员时就必须慎重。这些工作人员在一定程度上兼有思想政治教育的职责，他们一方面应该有丰富的管理经验，另一方面应该有一定的思想政治教育经验，而且本身必须具备较高的思想政治素质。学生公寓管理首先是管理，所以管理人员必须有管理经验，只有这样，学生公寓才能井然有序，为学生创造良好的学习生活环境。学生公寓管理能借管理行思想政治教育之责，所以管理人员最好有一定的思想政治教育经验，这样便于和学生交流，便于对学生出现的思想问题进行疏通引导，也能有意识地将思想政治教育信息渗透到管理工作中。担负思想政治教育职责的管理人员实际上已经承担了教育者的角色，所以管理人员必须有较高的思想政治素质，这样才能更好地发挥思想政治教育的作用。高校在选拔学生公寓管理人员时必须从这三方面考虑，争取把思想政治素质高、管理和思想政治教育经验丰富的人员纳入学生公寓管理队伍。

（二）推进"辅导员进公寓"活动

大学生思想政治教育工作队伍是大学生思想政治教育力量的主体。学生公寓管理人员的思想政治教育工作对大学生思想政治教育来讲只是起一个辅助性的作用。辅导员是大学

生思想政治教育工作队伍中和学生联系最紧密、最需要随时掌握大学生思想状况的教育者，也是对大学生的思想政治品德影响最多的教育力量。要让学生公寓管理充分地发挥开展思想政治教育的优势，必须大力推进辅导员进公寓。学生公寓应安排专门的辅导员工作室，并合理安排辅导员的工作时间。各个学校在推进辅导员进公寓过程中，采取的方式各不相同。有的学校专门设置学生公寓辅导员，安排辅导员进驻学生公寓，与学生同吃、同住、同生活；有的学校安排政治辅导员在学生公寓轮流值班，值班辅导员的人数和时间视具体情况而定。辅导员进公寓，贴近学生生活，能及时发现学生中存在的共性问题和个性问题，能有针对性地对大学生开展思想政治教育。

（三）建立学生自我管理组织

大学生生理、心理状况已基本接近成人，自我教育、自我管理的能力基本形成。建立学生自我管理组织，目的在于发挥大学生群体的自我管理能力。随着高校后勤社会化程度的提高和高校教育的发展壮大，新建学生公寓的建筑面积日益增大，公寓楼层的容量也呈增大趋势。众多学生的管理，必须调动大学生自我管理的积极性、主动性，通过群体内的自我监督、自我管理，提高学生公寓的管理水平和大学生思想政治教育水平。学生自我管理组织可以在学生中根据自愿报名、择优选拔、定期调整的原则形成，也可以由学生推荐候选人，经过民意调查后形成。学生自我管理组织的机构设置，要保证楼有楼长，层有层长，舍有舍长，层层有管理，楼楼有管理。加入公寓自我管理组织的学生，属于整个学生群体中的一员，可以直接发现学生中存在的实际问题和思想问题，可以深入体会学生的各种需求，可以加强和学生、辅导员、公寓管理人员的联系，是三者间的桥梁和纽带。学校要加强对学生公寓自我管理组织的领导，提高他们的思想认识，使其能更好地服务于大学生整体素质的提升。

（四）加强学生公寓文化建设

学生公寓文化建设是校园文化建设的重要组成部分。学生公寓文化建设以学生公寓为基地，是学校特有的文化理念和精神氛围的体现。学生公寓文化建设通过在学生公寓营造积极、健康、向上的文化氛围，使大学生在无形中受到思想文化、价值观念的熏陶，在思想政治素质上得以提升。公寓文化建设包括硬件环境建设和软件环境建设。由于学生公寓逐渐成为大学生课外活动的重要场所，高校必须在学生公寓区配备较完善的文体活动设施，提供自习室，开设图书或期刊阅览室，为大学生创造锻炼身体、课外学习和开展各种活动的硬件环境。同时借助硬件环境，开展软件环境建设。

学生公寓是学生交流思想、开展人际交往的重要平台，是大学生成长成才的重要场所。大学生思想政治教育必须紧紧抓住学生公寓管理这一载体，通过各种各样的方式将思想政治教育信息注入学生公寓管理中，使公寓管理成为思想政治理论课教学、辅导员思想政治工作的有益补充。

第四章　高校学生学风培养创新

第一节　高校学风建设概述

一、学风的含义

学风是一个学校或学者的治学精神、治学态度和治学方法的外在表现状态，是一种求知的氛围，一种育人的环境，一种熏陶的力量。学风有群体学风、个体学风之分。在大学里，一个学院、一个班级的学风，都是群体学风，它是群体在学习活动中表现出来的态度和行为倾向，或者说是群体中的典型和多数个体在学习中表现出来的代表群体主流的态度和行为倾向。

学风是一种氛围，是一种群体行为，对于世界观正在形成过程中的青年学生有着潜移默化的影响力。优良的学风是一种积极的氛围，使处于其中的学生感到一种压力，产生紧迫感；同时它也是一种动力，使学生能积极进取、努力向上，制约不良风气的滋生和蔓延；它还是一种凝聚力，有利于培养学生的集体主义精神。

二、学风建设的含义

学风建设是通过学校有关部门、有关工作人员的努力，促使良好学风形成而建立的机制，由各种与学风有关的规章制度、措施、组织、人员（教师及学生）、环境等组成，实际上是对学风建设的情况进行控制与反馈，不断完善与调整的过程。

三、学风建设的地位和作用

学风建设是学校一项重要的基本建设。就培养人才而言，它应渗透于德、智、体全面发展的教育之中，其实质是教育、培养和引导学生树立理论联系实际和实事求是的作风，帮助学生形成正确的世界观、人生观、价值观，树立远大的理想，端正学习的目的与动机，养成科学的思维方式，成长为德、智、体全面发展的社会主义事业的建设者与接班人。

四、学风建设的主体

学风是教与学过程中学生学习态度与行为的具体表现。学风，归根到底是学生的主观治学态度问题。因此，学风建设的主体应是学生。

广大学生是学风建设的主体。因此，在学风建设中要突出学生的主体地位，发挥学生主体的决定作用，要充分调动学生的内在积极性。只有这样，学风建设才能坚持长久，才能真正收到实效。

学风建设应在引导与激发学生内在动力方面下功夫，即在学风建设中突出"输"与"导"的作用。通过各种措施与载体，努力调动广大学生积极学习的潜在动力，进行目标引导、动机强化，使学生的主要精力与热情被"输出""输送"和"引导"到学习中去，提高学生学习行为的强度，注重学风建设的实效性，即突出学生的主体作用。在具体学风建设中，应加大学生自我参与、自我评价、自我教育、自我建设的比重，弱化行政管理、数量考核的比重，在学生中形成自我教育、自我约束、自我管理的机制，由"制度管理"向制度约束下的"自我管理"转变，这是学风建设应着力解决的核心问题。

五、教风与学风的关系

学风是衡量一所学校的办学水平、反映学校教学质量、体现培养人才素质的重要标志，学风和教风是校风的重要组成部分，学风直接受教风的影响，是教风的直接反映，教风直接影响到学风的水平。学风建设中，教风建设的影响作用不容忽视。

（一）教风对学风的影响

在社会发展中，教师是人类文化科学知识的继承者和传播者，对学生来说，又是学生智力开发和个性发展的培育者和塑造者。人们常把教师比作"园丁""人类灵魂的工程师"，倡导教师"诲人不倦"的精神，强调教师的躬行身教。可见在抓好学风建设的同时，抓教风建设尤为重要，加强教风建设是保持良好学风的基础。

第一，教师教书育人的态度对学生学习态度的影响。教师的工作态度、师德风范，对良好学风的形成具有直接的、经常的、无所不在的影响，特别是任课教师在教学过程表现出来的岗位意识、敬业精神对学生对待学习、生活、工作的态度上有着十分重要的影响；教师在与学生的交流中所表现出来的人生观、世界观、价值观，对学生具有潜移默化的影响。因此，要加强教师的师德建设，提倡教师做到"教书育人，为人师表"，要有敬业精神，发挥教师对学生正面影响的效应，这是加强学风建设的重要基础。

第二，教师的学术水平与课堂教学方法，是影响学生课堂学习行为的主要因素。课堂教学是影响学生学习积极性的主要因素之一，教师的教学内容与教学方法、讲授能力与教学技巧，影响学生在课堂上的学习行为，将在学生今后的学习行为中产生正强化与负强化两种效果。因此，要注重教师课堂行为对学风建设的影响，在加强学风建设的同时，加强教风建设。

（二）学风对教风的反作用

教风与学风的作用是互动的，教风对学风建设起主导作用，学风建设又对教风建设起促动作用。在学风建设提高到一定水平时，要突破一个"瓶颈"，这个"瓶颈"就是教风建设的整体水平。即学生的学习自觉性与学习能力有了较大提高之后，势必对教师的学术水平即教学与科研能力提出新的要求，这势必会反过来促进教风建设的不断提高。

所以教风建设与学风建设要同步进行，二者不可偏废。在加强学风建设的同时，不能忽略教风的影响，学生工作与教学工作不能脱节，要紧密配合，共同拟定发展目标、工作计划、管理措施。只有发挥教风与学风建设的协同与互动作用，二者才能健康发展、共同提高。

学风问题是一个系统工程，是全体师生教学行为和学习行为的综合，是学生所处客观条件与主观努力的综合，是校园物质环境和文化环境的综合。现象与本质是统一的，没有离开现象的本质，也没有离开本质的现象。通过现象可以发现和认识事物的本质，针对出现的突出学风问题，及时有效地给予教育和处罚，同时要充分调动学生学习的积极性、主动性和创造性，只有标本兼治，才能从根本上推动学风建设水平的不断提高。

第二节　高校学风建设途径

一、高校学风建设的途径分析

学风建设是加强德育建设与素质教育的必然要求，是培养人才的重要手段与措施，是高校工作的重点，分析与探讨学风建设存在的问题，研究与实践学风建设的措施与方法是高校党政工作与学生工作的首要任务。由于学生主体的特点是不断变化的，不同时期、不同阶段、不同年龄有着不同的特点与要求，所以应根据学生主体的变化与特点开展有针对性的工作，才能事半功倍，收到实效。

首先，应认识学风建设主体的需要，研究工作对象的群体特点与个体特性，寻找工作的突破口。分析当代学生需求的特点与高校学生的热点，是做好学风建设的前提。目前高校学生中普遍存在考研热、上网热、出国热、考托福热、考 GRE 热、恋爱热、打工热、活动热等现象，这些热点对学生的学习有着正面和负面的双重影响。如何把学生主要精力引导到学习上来，教育学生处理好学习与能力提高、个性培养的关系，这应该成为学风建设的着眼点与突破口。

其次，应加强对学生的思想教育，在"三观"教育上寻找突破。学生的学习态度、学习目的、学习动机受其人生观、世界观、价值观影响，而学生的"三观"正处在塑造与成型阶段，要通过有效的途径加以引导，帮助学生树立远大的理想，坚定理想与信念，在目标上强化学生学习的动机,是学风建设的思想保证。具体说,首先,通过"两课"教育,使学生明确学习目的,增强爱国主义、集体主义观念,树立以专业知识服务社会、服务人民的人生观与价值观;其次,教育管理工作者应深入学生生活,认真细致地做好思想引导工作,了解学生的思想动态,对存在的不正之风、不良学风等,一定要究其根源,谆谆教导,激发学生的求学热情;第三,学生的主要任务是学习,许多学生在遇到学习上的困难时,心理压力太大,可能会产生消极的甚至是偏激的行为,如焦虑、忧郁、冷漠、讨厌学习、拒绝与老师合作、扰乱课堂秩序等。这时候,老师应该帮助他们认真寻找挫折原因,引导他们改进学习方法,鼓起他们克服困难、追求上进的勇气,重新扬起奋斗的风帆。

第三,以教学管理为保障,严肃学风纪律。无规矩不成方圆,建设优良学风,必须有完善的管理制度做保障,要"有章可循、违章必究"。与此同时,教师也必须与学生保持平等的关系,因为教师并不是真理的化身,而是学生探索真理的领路人。教师严谨的治学态度、崇高的治学精神以及显著的学术成就对于学生优良学风的形成有着良好的示范和带动作用。教师要严肃教学纪律和考试纪律,对学生高标准、严要求,教学管理部门要严肃学籍管理,不断完善学分制,实施"宽进严出",把好最后一道关。

第四,学风建设应建立约束机制与激励机制,形成良性的运行机制。约束机制能引导群体的行为,保证目标、措施的实现;激励机制能调动学生主体的主动性,提高协作意愿,是学风建设的重要内容。二者相辅相成,缺一不可。只有约束与激励机制共同发挥作用,学风建设才能坚持长久,不断深入。

第五,以丰富多彩的校园文化活动为载体,营造浓郁的学习氛围。学风建设是一个潜移默化、受多因素影响、不断积累强化的过程,而丰富多彩的校园文化活动则是学风建设不可或缺的重要组成部分。首先,要充分利用党校、团校以及"两课"阵地抓好学生的思想教育,引导他们积极向上,树立崇高的理想和成才目标;其次,有目的、有针对性地通过心理咨询和体育活动,为学生的成人成才准备好良好的心理素质和强健的体魄;第三,结合学生的需要和专业特点,充分利用社团活动、学术讲座、知识竞赛、技能训练、优秀人才先进事迹报告会等形式,拓宽学生的知识视野,提高学生的文化素养,激发起他们求知、成才的欲望。学风建设不是一件孤立的工作,学校的各项工作都要配合学风建设,为学生更好地学习创造条件,一切工作以"为提高学生素质、加强学风建设服务"为出发点,才能取得良好的效果。

第六,教学改革是学风建设的重要保证,应加强学分制、选课制、考试制度的改革,创造良好的学习环境与空间。通过让学生自主选择学习的内容、方法与时间,可以提高学生学习的兴趣,激发学生学习的主人翁意识,增强内在学习动力,变"要我学"为"我要学"。设立各种创新学分、科研等级评价体系等,调动学生学习的积极性与主动性。同时,学校应加强硬件条件建设,在图书、计算机、科技实践设施上加大力度,为学生的学习创造良好的外部环境。

综上所述,学风建设是高校学生工作的主旋律,是实施素质教育的重要手段与措施,也是学校培养人才这一根本任务的必然要求。因此,加强学风建设要调动全校广大教师的积极性,形成全员意识,对学生的学习进行全过程参与和全方位服务,才能促进学生的全面发展。例如可以评比学风建设先进班级、学风建设进步班，通过各种渠道宣传学习标兵，在校园形成浓厚的学习氛围，影响学生的学习行为。同时，学校的各项工作要配合学风建设，为学生更好地学习创造条件，一切工作以"为提高学生素质、加强学风建设服务"为出发点。

二、处理好学风建设与教风建设的关系是关键途径

学风建设与教风建设相辅相成，加强大学生思想政治教育工作，树立良好的教风与学风，既互为因果，又相互促进，其共同目的都是为了切实提高人才培养质量。

（一）师德建设工作是教风学风建设的基础

良好的学风与学习环境有关，与学生素质有关，换句话说，好的学风可以改善学生学习环境，可以提高学生综合素质。教风主要指教师在教书育人中的态度，在学风建设中起着引领指导的作用，良好的教风学风的形成有赖于加强和改进师德建设工作。

由于职业的特殊性，教师师德是以热爱学生、教书育人为核心，以"学为人师，行为示范"为准则，以提高教师思想政治素质、职业理想和职业道德水平为重点，弘扬高尚情操，志存高远、爱岗敬业、忠于职守、勤于奉献的精神。教师应当时刻铭记自己的职责不只是"传道、授业、解惑"，一名合格的教师还担负着"教书育人"的职责。教师自身的行为会对学生产生重要的影响，有人形容学校就像企业一样在生产产品，但是这种"产品"与一般意义上的产品有着天壤之别，因为，从学校中走出的"产品"是有思想、有意识，具备行为自发性和主动性的"人"。

中华民族向来有尊师重教的传统美德，人民赋予教师以"人类灵魂的工程师"的美誉。教师是大学生成长的榜样，教师的思想政治素质和职业道德水平直接关系到大学生的成长，关系到国家前途和民族未来。在市场经济条件和改革开放环境下，高校教育和师德建设工作面临着许多新情况、新问题和新挑战。高校扩招，社会对优质教育日益增长的需求，对教师素质提出了新的更高要求。

高素质的教师队伍是高质量教育的基本条件之一，教师在日常课堂教学中的组织作用，在行为规范方面的表率作用，在思想道德品质上的潜移默化作用都会影响学生的世界观、价值观、人生观，因此，教师的教书行为不仅仅是向学生传授某种专业知识的过程，也是向学生传递一种观念、传承一种道德、宣扬一种精神、划定一种规范、弘扬一种治学态度的"育人"途径。学生在这种教书育人、言传身教的过程中受益、解惑、成长。

（二）端正教风是学风建设的突破口

高校要高度重视教风、学风和校风建设。教风是高等学校培养学生、提高教书育人质量的一个重要因素，所体现的是教师履行职责的职业道德、思想风尚的高低、教师教学水平高低和治学态度的严谨与否。教风与学风是相互影响、相互制约的。优良学风是优良教

风的必然要求与最终结果，没有好的教风就没有好的学风，学风建设也就会成为一句空话，教学质量也没有保证。因此，广大教师要以德育人、爱岗敬业、为人师表、教书育人，以自己的道德追求、道德情感、道德形象去引导教育学生。要通过开展评选和表彰师德优秀群体和师德标兵、学习和弘扬优良办学传统等活动，形成有利于良好教风、学风和校风建设的氛围。大力提倡严谨治学、从严治教的作风，把教书和育人结合起来，把培养能力和开发智力结合起来。好的教风、学风和校风能为人们所切身感受和体验，对青年学生的思想成长和行为养成产生深刻影响。学校的教风、学风和校风如何，直接影响社会、学生及家长对学校的评价和选择，从长远看也关系到学校的前途和命运。

在校风建设中，学校必须针对学风建设的实际情况，采取有力措施改善教风。一要加强教师的思想教育工作；二要注重师德建设；三要严格管理，实施质量监控和考核制度；四要加强教师的岗位培训；五要切实解决教师在职称、住房、工资待遇等方面的实际问题。以此全面提高教师队伍的思想素质、政治素质、道德素质和业务素质，调动广大教师教书育人的积极性，提高教师的教学水平，从而推动学风建设和提高教学质量。

（三）教学制度建设和严格教学管理是学风建设的侧重点

学校的规章制度体现了治校的指导思想，对学生具有一定的控制力和约束力，有助于培养学生良好的行为习惯，促进学风建设。学校要针对目前一些学生学习自觉性差、自制能力弱的情况，建立科学合理的规章制度，规范学生的行为，加强对学生的管理。完善辅导员制度，开展深入细致的思想工作，让每个学生都了解学校的规章制度，清楚学校提倡什么，反对什么。在管理上要严格，是非分明，奖优惩劣，提高学生的自制力，以形成良好的学习氛围，特别要加强考试纪律的管理。考风是衡量学校办学水平、管理水平、教学质量和学生综合素质的重要标志之一，是学生学风的具体体现，对此要严肃对待。

（四）深化教学改革，建立起充分调动学生自主学习的机制和环境

知识经济对人才培养提出了更高的要求，它要求高等教育培养出大批具有创新精神和创新能力的高级专门人才。通过深化教育改革，建立起充分调动学生自主学习的机制和环境，是建设优良学风的根本措施。特别是在全面推行素质教育的今天，充分发挥学生的个性特长，培养学生的创新精神和创新意识，是高等教育改革的重大课题。深化教育改革，要着眼于培养学生创造思维、学习能力、自学习惯。在教学改革上，要建立及时更新教学内容和教材的机制，将先进的科技成果和科学知识传授给学生；要加强课程的综合性和实践性，积极探索产学研结合的途径，使学生积极参加科研、创新和社会实践活动。在教学管理制度上，改变过去整齐划一的培养模式，实行更加灵活的学分制，增大学生学习的自由度，给学生对专业、课程、教师、学习时间的更大的选择权。并通过大量开设选修课程、开放实验室，加强以文学、艺术和科技创新为主要内容的第二课堂，为学生自主学习创造环境和条件，激发学生的求知欲，调动其自主学习的积极性。

第三节　高校学生学习能力培养

一、高校学生的学习能力

（一）学习能力概念和结构

学习能力是学生运用科学的学习策略独立获取信息、加工和利用信息、分析和解决实际问题的一种个性心理特征。也就是说，学习能力既与学习活动必需的基本心理能力（观察能力、记忆能力、思维能力等）有关，又与分析和解决实际问题的综合能力（自我调节能力、学习动机、学习的方法策略等）有关，它是二者的综合体现。学习能力既是学生学习活动的结果，又是学生进行学习活动所依赖的基础。

21世纪的社会是一个学习型的社会，终生学习将成为人们处身立世的需要。高校教育的重要目的是为学生的终生学习打下良好的基础，今天的"教"是为了明天不需要"教"；高校生的重要学习能力是学会学习，随着知识更新周期的缩短和人们岗位变化的加快，"会学"比"学会"更重要。学习理论的研究者认为一个会学习的学习者应具备如下能力：能够确立自己的学习目标；能够意识到不同的学习方法会产生不同的学习结果；能够意识到自己当前所用的学习方法，因此能监视自己的心理活动；能够从自己采用的学习方法所产生的结果中获得反馈信息，进一步评价自己的学习方法，因而能够依据是否有助于达成学习目标来调节自己所采用的学习和行为方式，以便更好地达到学习目标；学习主体有预见性，能预料事物的发展进程和结果，所以既能事先拟订学习计划，也能在执行计划的过程中依据反馈信息适当调整自己的学习计划。总之，元学习理论相信人是积极主动的机体，人能够监视现在、计划未来，有效控制自己的学习过程。国内一项研究用因素分析方法，把元认知的学习能力划分为三个方面、八个维度，即：（1）学习活动前的自我监控：①计划性；②准备性；（2）学习活动中的自我监控：③意识性；④方法性；⑤执行性；（3）学习活动后的自我监控：⑥反馈性；⑦补救性；⑧总结性。

（二）高校学生学习能力发展的特点

高校学生学习能力发展的特性主要表现为以下四方面。

其一，在高校学生的学习能力发展中强调学生发展职业情境学习迁移力，强调了学习情境对于知识应用范围的决定作用，认为学习情境与使用情境的要素相似，学习的迁移就容易发生。在高等职业教育的学习中，理论学习本身就有一个如何把学习与应用相结合的问题，而更重要的是如何将理论化和抽象的内容嵌入具有职业情境的学习过程中去。只有理论与实践充分有效结合的学习，形成的学习迁移才是充满职业创造力的。

其二，高校学生的学习能力发展中更加强调社会实践活动的创新力。当前，知识作为产品在贸易和投资中的地位日益显著，市场化的知识生产呼唤要充分运用市场机制尽快加强我国的科技实力，"加强科技创新，最根本的是推动技术创新的有效机制"。以社会、企业的知识应用为目标的高校学生的学习也应建立在这样的创新机制之上，要形成以市场机制为导向，以知识的生产、经营为核心的有效学习。

其三，社会信息化的快速推进，使得一线高素质劳动者获得信息的机会更趋公平，这种公平突出了高校学生学习把信息转化为有效知识这种才智的重要性。然而，不同的个体面对同样的信息，结果是不一样的。高校学生作为一线高素质劳动者，如要形成这种才智，如何查找、评价和整合利用信息的素养是非常重要的，这种素养不是一般意义的信息技术素质，而是蕴含在素质中的一种意识和组织结构，它对信息转化为有效知识起到了选择和积极推动作用。

其四，培养学习元认知能力是实现高校学生学习能力发展的基础。把职业成长与社会、与生活结合起来的终身教育，将成为未来社会人们的一种生存方式和生活方式，也是21世纪的生存概念。而元认知由于对学习活动的整体起监控作用，能使学习者不断评估学习中的问题，并且改变学习策略以提高学习效果。因此，高校生的元认知能力的形成极其重要，它会为将来的职业生涯奠定良好的基础，产生积极、有效的作用，从而增加自我成长的可能性。

（三）培养高校学生学习能力的意义

重视和发展学生的学习能力是市场经济和劳动力市场变化的要求。随着我国社会主义市场经济的发展，经济增长方式由粗放型向集约型转化，经济结构向工业化阶段转变，产业结构从劳动密集型向技术密集型转化，而且全球经济一体化趋势和高新技术的日新月异，使企业经营方式也由单一生产型经营模式转向产品经营、资产经营、资本经营等多种形式并行或互为融合模式。从市场经济和社会发展给劳动力市场带来的变化看，瞬息万变是现代这一时代劳动力市场的特征。21世纪人们的岗位变化将更加频繁，许多想象不到的新行业、新工作将不断出现，这就要求职业教育培养的学生具有远期的适应能力和应变能力，而学习能力是个体在多变的工作环境中能够生存和发展的先决条件。因此，作为沟通教育与就业桥梁的职业教育，为使受教育者能充分获取未来的就业机会，并培养他们在各种职业中尽可能多的流动能力，应该而且必须重视和发展学生的学习能力。

重视和发展学生的学习能力是知识经济的要求。知识经济取代工业经济无疑是人类历史的重大变革，知识经济是主要依靠知识创新、知识创新性应用、知识广泛传播和发展的经济。知识经济时代国家和地区的创新体系和创新能力已成为社会和经济发展的重要基础和竞争力提升的关键因素。知识经济时代，需要的是知识型、创新型人才。这对传统的以培养实用型、技术型人才为目标的职业教育无疑是大冲击，为使受教育者适应变化的环境并得以发展，职业教育应以技术培训加科技应用为主，努力培养技术型加创新型人才。学习能力是拥有创新能力的前提，因此，职业教育应重视和发展学生的学习能力。

重视和发展学生的学习能力是终身教育和个人可持续性发展的要求。传统的职业教育，大多是终极性教育，学生可在学校获得一套终身有用的技术，但这样的时代已经过去。现代社会科学技术日新月异，知识更新速度越来越快，职业中新知识与新技术的增加是常态，这意味着终身学习化社会已经到来，学校教育已不再是教育的终极。终身教育的观念近年已经深入人心，成为许多国家和个人所追求的目标。

二、培养高校学生学习能力的对策研究

（一）培养高校学生学习能力的具体策略

第一，建立以爱心为基础新型的师生关系，创造和谐的学习环境，转变学生学习态度。因为"亲其师才能信其道"，尤其是对那些高中学习成绩差而受到冷落的学生，必须实施"温暖工程"。

第二，加强心理健康教育，增强学生的责任感，树立自信心。学校开设学习指导课、社会行为指导课、职业生涯发展指导课等，使他们确定人生发展的目标，自觉地对自己负责，对社会负责，由此而激发学习的动力。

第三，实行激励教育，为高校学生创造成功的感受和走向成功的机会，在教育教学工作中要有意识地把学生成功的心理体验，作为"应试教育"的失败者最缺少的体验。每位教师都要善于发现学生的教育点、发展点，从各个方面去挖掘学生的优点，及时地指出并鼓励。教师在教学过程中对学生要多肯定、多鼓励、多表扬，少否定、少冷落、少批评。结合专业特点，举办各种竞赛活动，为学生成功创造展示的舞台；同时，还可以组织学生参加全国、省、市各类专业大赛，为当地各级政府机关、企事业单位提供专业技能服务。这样既使学生提高了适应社会、适应市场的能力，同时也激发了学生的学习兴趣，培养了学生善于思考、刻苦学习的自觉性。

第四，学院在教育教学各个方面要为高校学生创造良好的自主学习环境。作为教师必须树立以学生为本的教育理念，坚持"一切为了学生，为了一切学生，为学生一切"。在教学中要求注重学生学习兴趣的培养和内驱力的激发，要紧密结合职业技术学院的特点，改革教学方法，使高校学生逐步寻找到自我发展的道路。

第五，注重学习方法和策略的指导。当一部分学生有了学习的愿望，学习方法就成了主要矛盾。这要求教师除在教学过程中对学生进行有针对性的学习方法和策略指导外，还邀请优秀的毕业生介绍学习方法和学习心得，使在校生能够认识到学习差的原因，树立正确的学习观，还要明确学习方法和策略的重要性，从而在学习中自觉地掌握学习的方法和策略。

第六，培养良好学习习惯的养成是关键：①强化教育。新生入学就进行养成学习习惯的教育，使学生认识到：勤奋好学的习惯是一笔财富，良好的学习习惯是现代人必须具备

的生存能力，培养良好的学习习惯是人的成功之本。通过教育使学生认识到养成良好学习习惯、搞好学习是为了更好地生活，是为了获取生存和发展的能力。②明确要求。使学生明确应当养成哪些学习习惯，学校对养成良好习惯的要求和学生怎样才能养成良好的学习习惯。③强化训练，逐步养成。良好学习习惯的养成，一方面要循规蹈矩，按学院要求去做；另一方面要克服不良的学习习惯。

（二）两项典型的培养学习能力的研究

1. 整体性教学研究

基于整体性学习的职业教育，其目标分类是多维、多向度的。学习目标分为四大领域。即内容——专业的、方法——问题的、社会——交流的、情感——伦理的学习目标。①专业的学习目标是指向与专业相关的功能性知识，构成学生的专业能力，其内容要通过专业实践，即在学生独立制订计划、独立实施计划和独立检查计划的背景下进行教学。②问题的学习目标指向学生能够独立地获取知识与理解能力的学习过程。这样一种和过程与方法相关的目标，在整体性学习中包括解决问题的方法、实验、独立的学习与工作，即掌握学习与工作的技术。③交流的学习目标指向基本的合作与交流技术。例如掌握谈话的规律，开发团队与小组工作，实施冲突管理，具备演讲和演示技术、讨论与辩论技术、自由即兴发言技术。④伦理的学习目标指向自我定位与自我发展的能力，强调在日常生活情境中评价与决策能力的开发，涵盖社会认可的价值观与行动准则，例如，政治、社会和经济的价值，道德、审美的价值。由于学习是个体的行动过程，是学生通过学习过程中现实事件的经历而自我启动的过程，为使这一过程能持续地引导学生，职业教育课程教学的逻辑起点必须是学生主观上有强烈求知欲并以积极行动投入学习。职业教育课程教学的基本思路是：使学生借助自我行动将所获得的知识和经验内化以构建于自身，进而实现个体的可持续发展。

2. 情境性教学研究

传统高校人才培养模式的缺点是在培养过程中主要根据理论知识的系统性和学科体系来组织教学，实践性教学环节主要是为理论教学服务，实践教学的"从属"地位无法保证职业技能训练的适应性、系统性和科学性，许多实践教学流于形式化和简单化。为提高应用型高技能人才培养的针对性和有效性，我国高校人才培养模式必须重新审视实践教学在教学体系中的地位与作用，建立"以实践教学为主体，专业理论教学为基础，以实践教学为主线组织教学活动"的人才培养方案，在"真实"的企业场景中进行"情境化教学"和"情境化学习"，为学生职业能力和职业素养的提高提供舞台。第一，高校通过整合自身已有实践教学资源并不断改善实践教学条件，面向企业发展，以职业标准为导向，参照现代企业生产条件、生产流程、质量标准和环境要求，在校内建立起模拟性的"情境"：它不仅是训练学生实践技能、陶冶职业素养的舞台，也是进行专业理论教学、促进专业理论学习与职业实践更紧密结合的重要场所；第二，高校结合自身办学条件和人才培养需要，拓展技术与技能培养的教育资源，与相关企业开展互动性"产学合作"，学校、企业共同实施高等职业教育，使企业的真实"情境"成为学生学习专业理论、训练专业技能和提高职业素养的最好"场景"。

高校学生学习能力的发展有其自身的特性：其一，高校学生的学习强调学生发展职业情境学习迁移力，强调学习情境对于知识应用范围的决定作用，认为学习情境与使用情境的要素相似，学习的迁移就容易发生；其二，高校学生的学习强调创新力。以社会、企业的知识应用为目标的高校生的学习应建立在这样的创新机制之上，要形成以市场机制为导向，以知识的生产、经营为核心的有效学习；其三，社会信息化的快速推进，使得一线高素质劳动者获得信息的机会更趋公平，这种公平突出了高校生在学习中要有把信息转化为有效知识这种才智的重要性。

第五章　高校团建与社会实践的创新

第一节　高校团建工作

一、高校团建工作的特点

针对高校教育的培养目标，大多数人认为：高等职业技术教育的培养目标是在各行各业基层直接参与组织、实施、保障生产（流通或服务等），为社会直接提供物质产品或各种服务并承担具有高度技术性和负责性工作的技术人员或经营管理人员。

立足共青团的性质和作用，着眼高校人才的成长和需求，就增强高校基层团组织工作职能总结高校共青团建设具有如下特点。

第一，团组织建设尚待完善，须加强学生思想道德教育，保持团组织的先进性。

高校教育工作作为社会主义教育的重要组成部分，必须全面贯彻党的教育方针，不仅要为用人单位提供合格的技术人才，而且要培养德、智、体等多方面全面发展的社会主义事业的建设者和接班人。鉴于当代青年主体意识增强，关注焦点转移，崇尚务实等基本特征和人生观、价值观多元化的思想实际，更要坚持把德育放在首位，特别是高校学生，他们将深入社会基层，通过他们所从事的职业来为社会主义现代化服务，其思想政治将体现在职业态度中。高校团组织，应始终坚持"以人为本，德育为先"的原则，把高校德育工作放在团的工作首位。

第二，团日活动开展还须加强。坚持团日活动与职业技能培养相结合，增强团组织凝聚力，确保基层团组织的服务性。

基于高校人才的培养模式，高校团组织，不仅应是团员青年的社会主义政治课堂，为他们赋予思想，还将是团员青年的职业技能竞技场，为他们赋予"血液"。这种思想、这种"血液"赋予的有效途径有两条：一是根据专业特色建立各种兴趣小组和学生社团，在团组织的领导下开辟活跃的第二课堂；二是开展特色团日活动。结合高校人才教育教学，团日活动应形式多样，如以思想教育为主体的（由高校学生特点选取）有：浅显易懂的团课；团员青年积极参与的讨论会、辩论会；结合党建思想、重心工作、热点焦点的征文比赛；传达党和国家的指导思想和行动指南，了解国际国内形势，了解校内外动态的简报；具有较强的表现高校学生欲望又受社会肯定的手抄报等，能让团员青年在活动中拥有多种收获。

第三，共青团组织在学生中的领导地位尚须加强。坚持组织重大活动与综合素质的培养相结合，确保基层团组织工作职能的前瞻性。

高校团组织的职能也随之延展，不仅要注重团员青年思想教育、技能培养，还要为团员青年综合素质的提高做好服务。开展丰富多彩的校园活动，通过各种体育比赛及书画、演讲、普通话、校园戏剧、校园歌手等比赛，塑造一种力争上进的校园环境；通过开展心理咨询、知心信箱、心理讲座等形式，让团员青年了解自己，了解别人，了解社会，以实际行动战胜自己的困难，减小精神压力，建造一种和谐的校园环境。面对严峻的就业形势，还可以模拟就业环境、就业观摩等方式，让他们面对就业有所准备，为就业多准备一把钥匙。另一重要的方面，要结合党和国家的中心工作，结合学校的重心工作，举办好有影响的重大庆典纪念活动，让团员青年在欢乐、骄傲、幸福的气氛中激情涌动，民族自豪感和历史责任感油然而生。同时，也能在活动中提高文化艺术修养，增强审美情趣，拓展知识，提高综合技能，培养他们的艺术才能、组织才能、协调能力、健康心理、合作精神等综合能力和综合素质。从而增强基层团组织的职能活力，确保基层团组织职能的前瞻性。这也是高校团组织作为党的助手和后备军在活力培养方面的工作职能。

二、新形势下高校团建工作的原则和重点

（一）思想重视，目标明确，始终坚持四个基本原则

1. 坚持党的领导原则

坚持党的领导的原则。团的组织必须始终不渝地坚持党的统一领导，创造性地贯彻执行党的路线、方针、政策，在政治上、思想上、行动上同党中央保持高度一致。这是做好共青团工作的根本保证，是共青团作为党的助手和后备军的基本要求。

2. 坚持服务育人，服务青年成才的原则

青年学生是祖国的未来、民族的希望。赢得青年，才能赢得未来，赢得希望。高校是培养和造就青年人才的重要阵地，只有紧紧围绕学院育人工作中心，将服务青年成长成才作为工作宗旨，共青团工作才具有更大的生命力。

3. 坚持制度化建设原则

为加强共青团工作制度化建设，某学院团委先后制定完善了《分团委工作考核办法》《团学干部考核办法》《团内奖励条例》《团干培训制度》等，使该院的团工作更规范化和制度化。为加强对共青团工作的领导，该学院党委组织部先后制定了《关于认真做好推荐优秀团员作为党的发展对象工作细则》《业余党校培训制度》《发展党员公示制度》等制度。

4. 坚持"党建带团建"原则

"党建带团建",团旗更鲜艳,这充分说明了党建工作对团建工作所起的重要促进作用;另一方面,团组织通过鼓励学生参加思政理论研究会并开展相关的活动,帮助大学生树立正确的世界观、人生观和价值观,不断增强大学生坚持走中国特色社会主义道路的政治信念。积极发挥共青团组织作为党的得力助手和后备军作用,促进了学院积极分子和党员队伍的壮大和发展。

(二)加强研究,把握重点,抓住三个重点,确保共青团工作取得新成效

1. 干部队伍是关键

干部队伍建设是任何一个组织自身建设的关键。一个整体素质较高、工作能力较强、思想作风过硬的团委班子对于完成创建任务、加强自身建设、做好团的工作具有决定性作用。要拓宽视野,改进方法,通过公开竞争、组织挑选等方式把那些觉悟高、干劲足、能力强的优秀青年党团员选拔到基层团委领导岗位,放在关键位子,努力做到干部带班子、班子带队伍、队伍促发展。加强班子思想政治建设,注重学习培训,增强理论素养,提高政策水平,学院团委坚持总院和二级学院分层次举办的方法,每学年举办两期团干部培训班,学院还经常组织优秀青年团员干部到校外参观、考察、交流、取经等。通过这些方式,广大团员干部在掌握共青团工作基本理论与知识的基础上,对新形势下,共青团工作的特点、重点、难点、规律、途径、方法、手段、机制与模式等方面的内容有了新的认识和了解,工作的能力和工作水平获得了较快的提高。加强班子能力建设,立足岗位锻炼,强化实践磨炼,切实增强班子成员遵守法规、掌握政策、民主议事、服务青年的能力,增强思想教育、组织动员、协调联络、真抓实干的能力,想干事,会干事,干成事。

2. 阵地建设是依托

阵地是工作的基础,是服务青年的依托。要立足团内,放眼团外,发挥组织优势,整合社会资源,加强团属阵地建设,用活团外活动阵地,注重传统阵地、有形阵地建设,加强新兴阵地、共用阵地建设。强化市场意识,树立经营理念,采取市场化、项目化和社会化运作模式,自主兴建、合作建设一批阵地。根据广大团员青年的兴趣和需求设计项目和活动,通过项目和活动来寻找阵地和载体,不求所有,但求所用。近年来,学院团委着重加强了社团、社会实践基地、青年志愿者服务基地、文化活动中心等阵地建设。积极借助社会各界的人力、物力、财力,充分利用大众传播媒介、社会公共文化设施和教育设施,开辟基层团组织服务青年、开展活动的新阵地,巩固和拓展共青团做青年工作的物质基础,切实做到活动有阵地,工作有依托,经费有保证,构筑牢固的基层团的工作保障体系。

3. 工作成效是根本

成效是作为的体现。有作为才有自身的位置和价值，才能显示出其岗位的重要性和必要性。因此，每一项工作都要有所作为，把工作建立在成效上，以扎实的工作促进全局的发展，从而实现自身的最大价值。这是共青团工作对每一位青年团员的要求，也是个人作为社会个体所应具备的基本能力。近年来，各学生社团活动蓬勃开展，形式多样，内容丰富，学习气氛日益浓厚，社团阵地活动育人作用得到有效发挥，较好地适应了学分制条件校园文化发展新要求，也为新形势下探索团组织建设新模式提供了广阔平台。而且有的社团及其成员在市内外比赛上取得良好成绩；重点培养的精品社团，代表学校参加市各大高校社团展示，把院校的特色充分展示在众人面前的同时也体现其自身的价值与作用。

第二节 新形势下高校团建工作创新途径

高校共青团组织作为党联系青年学生的桥梁和纽带，在引导青年学生树立共同理想、服务青年成长成才、全面提高其素质方面负有重要责任。在经济不断开放、不断发展，教育体制不断改革等新的形势下，高校团建工作开展有了更为广阔的舞台，但同时也面临许多挑战。

一、新形势下团建创新研究的必要性

第一，推进团建创新是共青团组织更好地适应经济社会发展的实际需要，也是团建跟上党建步伐的必然要求。改革开放以来，我国经济社会发生了巨大的变化，经济体制、社会结构也发生了广泛而深刻的变化，这些变化对团组织建设产生了深刻的影响，提出了新的要求，是团建创新的原动力。共青团与党有着特殊的政治关系，党建的创新发展，必然对团组织建设提出新的要求，必须进一步加快团建创新步伐。团组织在新的历史条件下，要很好地履行三大职能，圆满完成党赋予共青团的任务，就要不断加强团的建设，积极推进团建创新。

第二，推进高校团建创新是适应青年变化和需求，是把服务青年提高到一个新水平的必然要求。随着我国社会经济成分、组织形式、就业方式、利益关系和分配方式日益多样化，当代青年的思想观念、价值取向、生活方式、行为方式也发生了深刻变化，视野更加开阔，需求更加多样，对服务质量和层次的要求越来越高。在学校共青团工作中，随着高等教育体制改革的深入，学校共青团的内外部环境发生了很大变化，高校共青团建设面临许多新情况新问题。如不完全学分制的实行、学生宿舍完全公寓化管理等，使团的基层组织建设面临严峻考验。这就要求我们必须适应这些变化和要求，创建更为合理有效的工作机制和管理模式，切实为青年成长成才提供服务。

二、新形势下高校团建工作创新途径

(一)组织创新

当前,学院正处于趋于稳定与大力发展的关键时刻,我们也应该清醒地看到新的形势下青团工作还存在着一些差距和不足,所以要勇于走出一条组织建设的新路子。

1. 积极探索新的共青团基层组织设置形式,实施"多种模式,多种覆盖"的工作思路

共青团组织要以有利于发挥团的作用为目标,把基层组织建设摆在突出位置,大力加强组织创新,推动基层组织建设在创新中得到巩固和加强,不断扩大团的基层组织的覆盖面。一是坚持党建带团建,不断深化和规范"全国五四红旗团委"和"全国五四红旗团支部"的建设;二是要拓展团建领域,按照"区域覆盖、条块结合、以块为主"的原则,加大团建力度,找准学院发展与青年需求之间的结合点,不但要建起来,而且要发挥更有效的作用。加大各班级团支部组织中的建团力度,根据各自专业特点建立健全团的组织;三是要创新组织设置形式。各二级学院还有各班级团支部要按照有利于联系团员青年,有利于增强内在活力,有利于整合工作力量的原则,采取灵活多样的形式,合理调整团的基层组织设置。

2. 巩固和加强现有的班级团组织建设

高校共青团工作是学校德育工作的重要组成部分,抓好团组织建设,有利于学校德育整体工作的开展,有利于全面推动素质教育的实施。在高校,以班级为单位设立团组织仍是最主要的一种形式,因此,在班级管理中加强团组织建设,对于帮助学生树立正确的人生观、价值观,培养学生良好的思想道德品质是至关重要的。①班级团工作也要积极争取与班级导师和班主任的配合;②选拔好的团干部并注重培养;③实践入手,注重理论与实践相结合。

3. 加强学院二级团组织建设

学院二级团组织的建设需要更加重视。二级学院有自己的党总支,学生的思想政治工作都是在党总支的指导下开展起来的。加强二级团组织建设更有利于将团工作在学生当中深入开展,让每个思政工作者都参与到团工作中,不仅有利于学生校园文化的开展,更能让团工作得到多方面的支持,取得更佳的效果。

4. 加强学生会和学生社团的建设

学生会作为一个由学生自治的社会组织,其自身建设至关重要,而学生会自身建设的关键,是学生干部队伍的建设。因此,切实加强学生会自身建设,就得从学生干部队伍入手，培养和造就一支高素质的学生干部队伍，承担领导学生开展丰富多彩且具有创新意义的实践活动的责任，才可为学生会稳定健康发展提供坚实可靠的组织保证。学生会是参与学校管理、校园建设和提高校风建设的重要基层组织，努力加强自身建设，促进和履行本部门职能的规范化和制度化，就需要从以下几个方面着手：①认真组织学习理论，接受培训；②切实加强内部建设，充分发挥六种力量的作用；③统一思想认识，加强经验交流。

（二）坚持制度创新，以人为本，积极引导学生适应新的管理制度，促进特色人才培养

1. 以制度创新为保障，培养有特色人才

当代的大学生由教育福利的受益者变成了教育消费者，使得学生的教育主体地位进一步增强，对学校的学习、生活、成长环境、就业服务等有了新的更高的期望和要求；学生就业的市场化，客观上也要求共青团组织拿出新的、有效的凝聚学生和服务学生的手段和方法。要适应教育创新要求，培养出一批批有特色的人才，团组织一定要以自身的工作制度创新作为重点，构建适应教育创新的"一体两翼"的组织体系和工作运行格局。"一体两翼"是指以共青团组织为主体，以学生会组织、学生社团组织为两翼。这种工作运行格局，是把学校共青团建设和学生会组织、学生社团建设通盘考虑，从而延伸团工作手臂，扩大团工作覆盖面，增强新时期学校团组织对青年学生的凝聚力，提高团工作的生机与活力，确保学校学生会、学生社团组织正确的工作方向。

2. 创新以学生为主体，以教师为主导的运行机制，不断拓展团工作职能

面对时代的发展、社会的进步和青年学生对自身多元追求的需要，学校共青团工作要主动适应形势发展，创新以学生为主体、教师为主导的运行机制。这个机制体现在：①尊重学生兴趣选择，正确引导学生的个性发展。在高校，与先前的教育模式最大的区别在于其创造力、行为力和意志力的获得和进一步加强。共青团组织的有专业特色的活动比之前传统的单纯的思想政治教育更能吸引学生的兴趣，被吸引然后参与，参与才有可能达到教育的目的。以学生为主体，就必须尊重学生的兴趣选择，正确引导学生的个性发展；②以教师为主导，利用教师的人格魅力，教会学生更好地做人、做事、做学问，发挥教师的专业水平，拓宽知识传授的空间。教师将专业教学内容融入共青团工作，能更好地强化共青团工作的育人功能，拓展第二课堂的内容，激发青年学生对专业的热爱，引导青年学生重视为社会服务的专业技能的学习。

（三）工作创新，增强团组织的凝聚力和号召力

1. 加强学风建设，营造浓厚的学习氛围

激发学生的学习主动性，在潜移默化的过程中达到教育目的。以共青团活动形式开展学生的第二课堂，能在很大程度上担负起引导学生积极向上、培养浓厚的学习兴趣、树立

正确的学习态度、养成良好的学习方法的任务。第二课堂为学生拓宽知识面，完善知识结构，提高学术科技水平提供了良好的场所，是学生成长成才的重要载体，通过形式多样的活动，吸引学生积极参与，形成信息全面、交流通畅、竞争合理的氛围，积极创造条件，努力把学生真正培养成专业知识扎实、竞争能力强、综合素质高的优秀人才。

2. 加强校园文化建设，丰富学生课余文化生活

高校作为高等教育的组成部分，其校园文化具有高等学校校园文化所共有的特征。同时，由于高校是带有地方性、行业性很强的"职业型"，以培养生产一线需要的应用型人才为目的，其办学指导思想、办学方法有别于普通院校。因此，高校校园文化建设又具有自身的鲜明特色。

一是以"专业性"引导学生理想。高校的学生在思想上同样趋于定型阶段，校园文化建设应突出鲜明的专业特色，营造巩固和发展学生的专业思想，使学生牢固树立"学好专业技术，振兴地方经济"的职业理想。

二是以"实践性"实现培养目标。高校的校园文化建设要始终紧贴人才培养目标，既服务于教育教学活动，又要为开展生产实习、经营服务、社会实践等各项活动创造条件，并把文化和实践贯穿于学校教育之中。只有这种校园文化"熏陶"下的学生才能贴近市场。

三是以"竞争性"培育过硬人才。政府明确指出职业教育就是就业教育，培养与市场对接的应用型人才更要注重其竞争能力。随着社会主义市场经济体制的日臻完善和人才劳务市场的成熟，高校学生拥有了越来越多的机会直接参与市场竞争。

四是以"社会性"接轨需求市场。职业技术教育是一种社会现象，与各地区社会经济发展现状密切相关。高校只有在校园文化建设中融合企业文化、农村文化、社会文化等，让学生在这种鲜明的社会大文化熏陶下，"内化"出适应企业需要的素质，才可能"生产"出在文化上与市场"零距离"的"产品"。

五是以"开放性"指导长远建设。开放是人们思想发展和社会进步的必然要求。科学技术不断发展，高校教育教学内容也不断更新，引发校园文化建设不断调整；随着社会的不断进步，开放的思想观念和文化也涌进了校园，使高校校园文化具有了更强的开放性。

3. 积极配合党组织的工作

对应党员的发展工作，实施团组织的"两引靠、两推荐"活动。为党组织输送新鲜血液始终是共青团组织的重要而基本的任务。多年来，各级团的组织始终坚持开展"两引靠、两推荐"活动，即引导团青年向党组织靠拢，引导青年向团组织靠拢，加速团青年素质的提高。

4. 以"大学生素质拓展计划"为主线，适应教育创新的要求

"大学生素质拓展计划"以开发大学生人力资源为着力点，进一步整合并深化教学主渠道外有助于学生提高综合素质的各种活动和工作项目，在"思想政治与道德素

养""社会实践与志愿服务""科技学术与创新创业""文体艺术与身心发展""社团活动与社会工作""技能培训"等六个方面引导广大学生完善智能结构，帮助同学们全面成长成才的素质教育工程。实施"大学生素质拓展计划"是服务于经济社会发展的需要，是服务于素质教育的需要，是服务于青年学生成长成才的需要。"大学生素质拓展计划"是在鼓励大学生参加课外实践活动的基础上，锻炼大学生的综合能力。它有利于形成大学生自觉参与素质教育的积极导向；有利于动员社会资源服务大学生素质教育；有利于增强大学生自主创业、就业的意识和能力。实施这一计划，使大学生的素质教育更加扎实、有效，并落到实处，也能更加迅速地适应学校教育创新的要求。

第三节　高校学生社会实践

社会实践是青年学生按照学校培养目标的要求，利用节假日等课余时间参与社会政治、经济、文化生活的教育活动。

一、高校学生社会实践的功能与特点

（一）功能

高校的培养目标是培养社会主义事业的建设者和接班人，高校以培养应用型人才为根本。这样的人才要有坚定正确的政治方向，要有一定的专业文化知识，更要有劳动的观念和实际的动手能力。所以高校对学生的培养过程更加注重实践环节，社会实践正是这个实践环节的加强和有力补充。社会实践也是大学生认识社会和深入开展大学生思政教育的有效途径。

（二）特点

第一，社会实践是一种教育活动。高校的培养目标决定了培养方式十分注重实践环节，注重学生的动手能力和实际解决问题的能力培养。社会实践通过学生参与社会生活，使学生对国情的感性认识更加丰富，对社会的了解更加深入，在接触实际的过程中巩固和深化课堂所学的知识，锻炼和增强解决实际问题的能力。

第二，社会实践是在组织学生参与社会生活的过程中达到教育的目的，是以学生亲自参与为主要教育途径的特殊教育形式。社会实践的目的是使学生在实践中受到教育，增长知识和才干。学生离开了对社会生活的亲身参与，实践就失去了它的意义，所以必须使学生积极地参加到社会的政治、经济、文化生活中去，而不是作为社会生活的旁观者。

第三，社会实践是在课余时间进行的特殊教育，是教育实践环节的必要补充。高校注

重实践，但教学计划内安排的实践教学环节有限；其次，社会实践活动的内容、方法、途径也和教学计划内的实习不同，具有特殊性。

第四，社会实践也是大学生回报社会的有效途径。通过去贫困地区支教，到社会主义新农村调研，走进社区及参加志愿者活动等社会实践活动加强了学生和社会的联系，加深了对国情的了解，也深化了课堂知识，对认识自身的价值，树立正确的价值观、人生观都有一定的意义，同时也通过实践用自己的方式回报了社会。

二、高校学生社会实践的原则与模式

（一）原则

理论联系实际是我党的优良传统和作风，教育和生产劳动、社会实践相结合是党的教育方针的重要内容，理论教育和实践教育相结合是思政教育的基本原则。大学生参加社会实践，了解社会、认识国情、增长才干、贡献社会、锻炼毅力、培养品格，对培养大学生成长成才有着重要意义。

社会实践的工作原则：第一，坚持育人为本，牢固树立实践育人的思想，把提高大学生思想政治素质作为首要任务；第二，坚持理论联系实际，课内与课外相结合，提高社会实践的针对性、实效性和吸引力、感染力；第三，坚持受教育、长才干、做贡献，保证大学生社会实践长期健康发展；第四，坚持整合资源，调动校内外各方面积极性，努力形成全社会支持大学生社会实践的良好局面。

（二）模式

1. 以教学实践、专业实习为主要内容的社会实践

把实践教学作为课堂教学的重要组成部分，使学生在参与实践教学的过程中，深刻体会蕴含在各门课程中反映人类文明成果、弘扬民族精神、体现科学精神、揭示事物本质规律的内容，培养大学生的创新精神和实践能力。

2. 开展社会调查

围绕经济社会发展的重要问题，开展调查研究，提出解决问题的意见和建议，以实践报告的形式形成调研成果。

3. 开展生产劳动和社会服务

学校和社会创造条件，引导学生参加生产劳动，培养大学生的劳动观念和职业道德。倡导大学生参加志愿服务等公益活动，引导大学生运用所学知识和技能服务人民，奉献社会，培养为人民服务的道德观，弘扬社会主义道德风尚。

4. 开展创业设计规划和科技发明活动

引导大学生在社会实践中参与技术改造、工艺革新、先进技术传播，为社会经济发展献计出力，不断提高大学生的科学素养，培养良好的学术道德，弘扬求真务实、开拓创新的科学精神。鼓励大学生开展创业规划和实践，提高创业技能，缓解就业压力。

5. 开展勤工助学活动

鼓励大学生在完成学业的同时，积极参加勤工助学活动。通过参加勤工助学活动，学生不但取得合理的经济收入，还增进对社会和国情的了解，也锻炼了能力。

6. 开展"红色之旅"参观学习

充分发挥博物馆、纪念馆、展览馆、烈士陵园等爱国主义教育基地的教育作用。组织大学生到革命纪念地、改革开放前沿和经济社会发展成效显著的地方学习参观，了解中国革命、建设和改革开放的历史和成就，增强大学生对党的感情，对中国特色社会主义的热爱，激发他们全面建成小康社会、实现中华民族伟大复兴的责任感。

三、高校学生社会实践活动发展的方向

一是探索建立社会实践与专业学习、服务社会、勤工助学、择业就业、创新创业相结合的管理体制。要把社会实践纳入学校教学计划，规定学时学分，对学生参加社会实践提出时间和任务要求，制定行之有效的考核办法和激励机制。如把大学生社会实践作为对高等学校办学质量和水平评估考核的重要指标，纳入高等学校党的建设和教育教学评估体系。

二是建立多种形式的投入保障机制。对教学实践、专业实习、军政训练，在学校教学经费中做出安排，鼓励人人参加；对大的社会实践项目学校建立专项经费，并寻求地方政府力支持；对社会调查、生产劳动和社会服务、科技发明、勤工助学，大力提倡和引导大学生自愿参加，并寻求政府和社会各方面予以一定支持。

三是把大学生社会实践与教师社会实践结合起来，组织高校干部教师参加、指导社会实践。学校党政干部和共青团干部、思想政治理论课和哲学社会科学课教师、辅导员和班主任都应参加大学生社会实践活动。鼓励专业教师参与、指导大学生社会实践。

四是建立相对稳定的大学生社会实践基地。高校主动与城市社区、农村乡镇、爱国主义教育基地、企事业单位、部队、社会服务机构等联系，本着合作共建、双向受益的

原则，从地方建设发展的实际需求和大学生锻炼成长的需要出发，建立多种形式的社会实践基地，力争每个学校、每个院系、每个专业都有相对固定的基地，长期坚持，使学生得到锻炼。

四、高校共青团建设与社会实践的紧密结合

社会实践是青年学生走向社会、认识社会、了解社会、服务社会的重要途径，青年学生只有经过社会这个大熔炉的锤炼才能不断地成熟起来。青年人需要社会实践，因为只有经历社会实践才能使我们真正体会到时代赋予我们青年学生的历史使命，才能唤起我们的主人翁意识；社会也需要青年人去实践，因为只有青年学子活跃的社会才是充满生机的社会，才是充满希望的社会。

（一）资源整合，拓宽社会实践渠道

学生要形成与社会相适应的有关知识、情感、态度、行为方式及思想观念、生活技能等，须经过社会实践的锻炼。学生作为社会实践的主体，通过积极参与实践，不仅能认识世界和自我，而且能不断完善自己的主观世界，增强自身的责任感。开发和利用社区教育资源，把学校教育与社区教育紧密结合，扩展教育范围以增强德育效果是一条成功经验。因此，作为高校，要积极争取社区的大力支持，协同社区，建立建设好社区实践基地，使之系列化，优化学生成长环境。

高校社会实践活动虽然开展的时间还不长，但它以知识为桥梁，把学校和社会、理论和实际、政治和业务、知识和能力有机联结起来，吸引和推动广大高校学生走上社会，以主人翁姿态投身于生机勃勃的社会经济和文化建设，增强了自觉适应"四化"和未来的需要，提高立志成才、全面发展的主动性和积极性，这一活动并将进一步显示出它的强大生命力。

（二）顺应共青团社会化趋势、深化社会实践

通过参加社会实践活动，广大学生接触社会、学习工农、了解我国现代化建设的进程及其对人才的迫切需求，提高了思想觉悟，增强了社会责任感，坚定了专业思想，激发了学习热情。他们在运用和深化书本知识的实践中，培养了综合能力、动手能力和创造能力，为改变高校学生中普遍存在的"分数低，动手能力强""书本知识实用，社会经验少"的倾向做了有益的探索。他们努力为工农业生产建设部门排忧解难，把课堂知识、书本知识转化为实际技能，转化为现实的生产力，直接推动了经济的发展和技术的进步；同时，通过几种方式和途径广泛传播知识，普及社会教育，促进社会的知识化进程。团结

和组织广大同学深入社会基层，积极开展科技、文化、卫生"三下乡"活动，为当地群众带去先进的文化知识和丰富多彩的文化生活，真正使社会实践社会化。事实证明，社会实践活动有利于学生在实践中学习共产主义，有利于培养"四化"和未来需要的新型人才，有利于学生参与社会生活、为"四化"做贡献，具有提高思想、丰富知识、增长才干、发挥作用的综合效益。

第六章　高校思政教育工作队伍建设

第一节　思想政治教育工作者的素质提升

思想政治教育工作者的素质决定了教育的最终效果，高校的思想政治教育工作者是经历过培养与选拔的，且绝大多数都是党员，因此，其自身具备了从事思想政治教育的基本条件，但教育的过程是教育工作者自我锻炼的过程，思想政治教育工作者在符合基本条件的基础上还应在工作中不断学习和历练，自我锻炼与吸收，积累教育资本，提高自身素质，以适应不断变化的新问题和新要求。

高校应注重思想政治教育工作者的素质提升，首先要引导思想政治教育工作者不断体现党员的先进性和纯洁性。先进性和纯洁性是马克思主义政党的本质属性，贯穿于党的性质、宗旨、任务和全部工作中，体现在各级党组织和全体党员的实际行动上。这种先进性和纯洁性，不是固定不变的，而是与时俱进、随着形势和任务的发展变化而不断丰富与发展的；不是一劳永逸的，而是必须通过坚持不懈地加强党的自身建设才能保持与发展的。

"推动思想政治理论课改革创新，要不断增强思政课的思想性、理论性和亲和力、针对性。"2019年3月20日在着力推动思政课改革创新——论学习贯彻习近平总书记在学校思政课教师座谈会上重要讲话。数字化时代，随着大数据技术的普及，我国正不断推动大数据战略目标的实施，相关技术也日渐成熟，"数字中国"和"智慧中国"的构建正稳步推进。大数据可以对信息进行全新的分析。通过"一切事物皆可量化"的大数据技术优势，深入发掘和扩展数据的深度和广度，推进与传统定量、定性分析方法的高度结合，使思想行为信息能够更高效地收集、整理和分析，可以更好地把握思想政治状况全貌，为开展好思政教育提供基本前提。

大数据时代的到来，解构了传统的思想政治教育方式，给思想政治教育工作带来了巨大的冲击和挑战。从文化角度看，大数据不断冲击着主流价值观和思想政治教育工作者的主导地位，改变了思想政治教育的育人环境；从传播角度看，大数据使思想政治教育传播形态日益呈现出载体迷你化、信息精简化、对象细分化、结构扁平化的趋势；从技术角度看，大数据能够有效撷取和分析信息数据，使思想政治教育实践更加优化和科学。但目前，思想政治教育界对如何在大数据语境下保持思想政治教育的主流意识形态地位、如何在大数据环境中进一步明晰思想政治教育目标、如何在大数据环境中构建面向全体国民的思想政治教育的传播体系、如何在大数据环境中消解思想政治教育传统的灌输论色彩等，都是思想政治在大数据时代面临的挑战。

利用大数据进行精细化数据采集。海量的数据信息是解密社会思想动态和探究其趋向规律的钥匙，在互联网时代，网络移动终端以及各类智能 APP 产生了海量数据，这些数据不能只是进行简单的归纳统计，而应在思想政治教育领域得到有效应用。大数据时代的技术进步一方面使得思想政治教育的传播日益嵌入大数据的时代环境，另一方面使得对思想政治教育全过程数据信息的掌握和分析变成了可能，这为看似不相关、无价值的数据赋予了全新的价值属性，对思想政治教育教学、科研及管理全过程的创新形成了重要推动。因此精细化采集、储存海量个体的非结构化数据成为大数据时代思想政治教育的重要工作。

利用大数据为思想政治教育的靶向化提供技术支撑。大数据的重要功能就是数据分析。把用户日常数据纳入大数据这一技术模块下进行深度挖掘与分析，再将运算结果运用于思想政治教育中，是实现思想政治教育靶向化的基础。大数据时代的来临，让思想政治教育工作者能够运用新技术实现对数据沉积的深入挖掘和分析，量化受教者的生活状态、学习进度、成长情况，进而勾勒出精准的"学生画像"，为教育管理和引导的靶向化提供重要的数据支撑。换言之，大数据能够将受教育者群体进行分类分层，精准分析用户对时政热点的关注、舆情动向，及时加以有效精准引导，让不同群体与适合的思想政治教育相匹配，最终实现对受教者群体的"量体裁衣"，这样才能确保思想政治工作做到无死角、全覆盖、有实效。也正是这样，才可以有效开发出更多令人喜闻乐见的思想政治教育资源。

利用大数据实现思想政治教育模式创新。由于思维定式的影响，思想政治教育工作者通常缺乏"大数据意识"和"技术素养"，不善于将大数据技术融入课程讲授和教育引导中。大数据与思想政治教育的融合，能够打破传统课堂"必须在场"的物理空间限制，将受教者从程序化、流程化、应试化中解放出来，变灌输式的知识讲授为互动式的思想交流。同时，大数据技术还改变了传统学习的时间安排，从过去固定的上课时间变成随时随地的学习、讨论、提高，让受教者可以更加自由、主动地融入知识学习的环节中。

其次是要求思想政治教育工作者进行不间断的自我修行。思想政治教育工作的本质是党的宣传工作，是要用马克思主义武装大学生，引导大学生接受和拥护党的路线、方针、政策，知晓中国共产党在新的历史时期的战略任务。思想政治教育工作者就是要站在中国共产党的角度，用马克思主义的立场、观点、方法帮助大学生树立正确的世界观、人生观和价值观，摒弃不正确的世界观、人生观和价值观，站在集体利益的立场观察、分析问题，树立科学的发展观，促进大学生的全面发展。这就需要思想政治教育工作者不断地自我修行和提高，不断地自省、思考和领悟，才能与党的要求同步，与时代的要求同进。思想政治教育工作者要通过自我修行提升教育的说服力，言传身教，用自身的模范行为去影响大学生。再多的语言也需要行动的引领，因此思想政治教育工作者应注重口头表达的能力、陈述与演讲的能力，充分提高言教的说理性、针对性、感染性和生动性。思想政治教育工作者更要注重身教。高校的思想政治教育工作者应当注重自身的言行举止，身先示范，发挥模范作用，提升人格魅力，以影响大学生，使教育效果直抵大学生的内心，撼动大学生的思想。只有将言教与身教并举，才能真正发挥强大的感召力和号召力。

再次是要求思想政治教育工作者进行清醒的自我判断，围绕政治素质、思想组织、知识素质、道德素质、才能素质、身体素质等方面，时刻对自己提出全面的、与时俱进的要求。高校思想政治教育工作要深化教育改革，推进素质教育，创新教育方法，提高人才培养质量，努力形成有利于创新人才成长的育人环境。高校思想政治教育作为我党思想宣传的有力之翼，在培养大学生成为社会主义建设者和接班人的过程中，要深刻理解我党对人才的要求，并不断对自身能否成为大学生思想的领路人进行积极的思考和实践。高校思想政治教育工作者要坚持党的基本路线，对党忠诚，要坚持党性原则，以强烈的事业心和高度的责任感对待教育事业。要围绕立德树人开展各项思想政治教育工作，审时度势，不断提高自身的政策解读水平和政治觉悟能力，不断提高党性修养；要树立正确的思想观点，形成实事求是、廉洁奉公、严于律己、求真务实、公道正派、艰苦奋斗的优良作风，杜绝形式主义、官僚主义、享乐主义和奢靡之风，以创新开放的思维去想办法塑造人；要以现代化的思想观念指导教育行为；要熟悉思想政治教育的专业知识，努力掌握思想政治教育知识、基本理论、基本经验和优良传统，夯实教育之本，要学习掌握心理学、教育学、伦理学和社会学等知识，围绕大学生的认知、情感等心理过程和能力、性格等心理特征，不断进行专业的建议与教育；要主动学习历史、文学艺术、法学、美学、逻辑学、民族学等方面的知识，因人而异，落实教育细节，提升大学生的教育质量；要不断提升思想政治教育的创新研究能力，提升分析问题、认识问题的能力，提升组织实施、表达、情绪控制等能力，以提高思想政治教育的实效；要不断提升个人的道德素质。一个人只有明大德、守公德、严私德，其才能方能用得其所。修德，既要立意高远，又要立足平实。踏踏实实修好公德、私德，学会劳动、学会勤俭、学会感恩、学会助人、学会谦让、学会宽容、学会自省、学会自律，这是对师生提出的共同要求。思想政治教育工作者要注重自身品德、公共道德、家庭美德的塑造，只有自身道德过硬，才能在教育大学生的过程中理直气壮。高校要积极发挥思想政治教育工作者的优势，从新形势的工作要求出发，积极建设思想政治教育队伍，不断形成人才优势。

高校应积极抓好思想政治教育工作者队伍的纪律建设，引导思想政治教育工作者自觉坚守岗位，遵守工作纪律，抓好教育本质。同时，还要注重思想政治教育工作者的身体素质建设，身体是革命的本钱，思想政治教育工作者必须具备良好的身体素质才能做好教育工作，要积极锻炼，保持充沛的精力、向上的精神、朝气蓬勃的感染力和敏锐的思维，为推动工作水平的不断提升储备体力。高校应积极为思想政治教育工作者提供锻炼的平台，加强思想政治教育工作者队伍的身体素质建设，只有将思想政治教育工作者诸多素质提升作为一个有机整体，才能提升队伍的整体水平，思想政治教育工作者应根据新时期思想政治教育工作的需要，全面提高自身素质，为党的事业做出自己的贡献。

第二节　思想政治理论课教学队伍建设

思想政治教育工作的主要执行者是思想政治理论课教学队伍，该队伍质量的建设是抓好思想政治教育工作的基础和前提，思想政治理论课教师是深入课堂与大学生进行面对面传授和体系性传授的人员，是加强和改进大学生思想政治教育，培养德智体美全面发展的中国特色社会主义事业合格建设者和可靠接班人的实践群体。作为大学生思想政治教育工作的主要力量，高校的思想政治理论课教学队伍的建设是非常重要的，很多高校围绕教育部的相关要求，积极落实思想政治理论课教学队伍的建设，取得了很好的效果。

一、思想政治方面

提高青年教师思想政治素质，是培养青年教师成长成才的首要环节。除进行必要的集中理论学习外，更重要的是要把思想政治素质的教育贯穿于日常各项工作过程中，及时给予正确的引导，帮助他们树立正确的人生观、世界观和价值观，从而使他们不断加强对自身的严格要求，正确理解教师的本质内涵，发挥教书育人的积极性，树立崇高的使命感和责任感，为人师表，以身立教。培养他们热爱教育事业，热爱教育工作的思想，帮助他们牢固树立爱岗敬业精神，巩固专业思想，遵守职业道德，为人师表，率先垂范。

二、教学方面

（一）指导编写教案并审阅教案

教案是讲课的基础，要求青年教师认真备课，写好教案是一个极重要的环节。青年教师通过对教材的刻苦钻研及阅读有关参考文献、图书资料，通过分析思考，对教学内容有深刻理解后才能写好教案。教案不是教材内容的翻版，教案的好坏，关系到讲课的质量，因此导师指导青年教师编写并审阅他们的教案是非常必要的。

（二）重集体备课与业务学习

让青年教师苦练教学基本功，着力帮助青年教师过好教学关，注重集体备课与业务学习。要"高起点、高规格"培养青年教师，通过集体备课，带领青年教师通览教材，教会他们把教材读透——做到"精"；找出教学重点和难点——做到"准"；把握学科进展趋势和走向——做到"新"；深刻领会学科知识深度与广度——做到"深"；能将知识前后联系并用于解决实际问题，进入融会贯通境界——做到"熟"。注重专业基本知识的掌握。

（三）指导预讲

对新开课的青年教师，由教研室和指导老师组织预讲。预讲前指导老师同青年教师一起备课，既备教学内容，又备教学方法，由青年教师做中心发言人。通过预讲，由大家评说，肯定成绩，指出不足。在指导老师的指导下，青年教师多次修改教案，充实、丰富教学内容。抓住预讲这一环节很重要，这是实战前的演习，从预讲中，锻炼青年教师的思维能力、表达能力及对教学内容的分析、理解能力，发现问题又能得到及时纠正。对青年教师的讲课要高标准，严要求，主要有：熟悉内容，讲述流畅，不照本宣科；内容科学、合理、有新意；组织严谨，方法得当，善于启发学生思维；理论联系实际，生动活泼；重点、难点突出，概念清晰、准确；语言准确，语速、语调适当；板书设计合理，清楚、规范；合理、有效使用现代教学手段；信息量大，时间利用充分、有效；仪表端庄，教态自然。

（四）双边听课

青年教师应从"扎实基本功、丰富教学经验、授课灵活生动、调节课堂气氛、浓缩教学内容、调动学生学习兴趣"等各种教学风格中去选择相应的教师观摩听课；通过模仿探索，并逐步形成自己的风格，青年教师在观摩教学的过程中重点要掌握教学活动中教师的主导作用，课堂教学与美感教育的关系，启发式教学与吸引学生的方法等，扎扎实实地从教学工作所必需具备的思想和业务素质去分析研究教学工作的规律。从而做到有目的、有计划地系统听取有经验老教师的课程，做好听课记录，学习老教师在课堂上如何组织教学内容，如何运用教学方法、教学手段、掌握教学环节，如何运用教学语言和表情，正确对待学生个性的差异，实行因材施教，指导教师根据具体情况有选择性听课。指导教师听课了解青年教师教学情况，发现问题及时指出，并且就具体内容讲法进行探讨，使他们尽快熟悉教学内容及教学方法，把握尺度，成长更快。

（五）对青年教师要关心体贴、严格要求

指导教师应搞好"传、帮、带"，思想上要注意自己的修养，业务知识要不断地更新，工作上要有奉献精神，以模范行动影响青年教师，这样才能"身教重于言教"。既要关心青年教师的进步，关心他们的学习和生活，同时对他们严格要求。对青年教师提出五点要求：①为人师表，严于律己，教书育人；②教学上要做到"三不"：不迟到、不提前下课、不随意调课；③作业批改要认真、及时；④虚心好学，多听其他教师的课，博采众长弥补己短，为我所用；⑤坚持记教学日志，把自己讲课、实验、作业、考试中的问题、教学中的不足记下来，总结经验教训，不断改进教学。

（六）指导和培养青年教师掌握现代教育技术

青年教师应积极利用所学的专业知识，掌握现代教育技术；积极进行技术创新，积极

承担指导教师及教研室、学院安排的各种网络、电子教案的制作，并在自己的课程教学教案制作上狠下功夫。

三、科研方面

教学和科研相结合对加速年轻教师的成长十分必要。通过科学研究及工程实践，提高自身的学术水平与新技术开发能力，这对在理论教学中做到"融会贯通""运用自如"，从而提高课堂教学水平有极大的促进。

进行科研能力训练，使青年教师能尽快涉足科研领域、掌握科研的基本方法。主要措施与方法：学习文献检索；利用图书馆和网上资料检索；撰写文献综述与读书报告；参与指导老师申报课题等。要勇挑重担，在课程建设和教学改革以及科学研究的各个环节中磨炼成长。通过参加编写教材或指导老师的课题资料辅助查询和申请材料的辅助书写，能够促使自己静下心来广泛参阅国内外相关教材及教学参考资料，有效提高对教学内容的理解与把握科研课题能力。要敢于创新，勇于开发，把握各种锻炼自我的机会。在多媒体教学课件制作、先进教学软件的开发应用、校园网辅助教学系统的设计和维护等方面发挥自己的优势，促进教学发展。此外，还要积极争取在职深造，攻读更高学位，全面提升自己的素质和水准。

对于该计划的实施与督查，学校还专门成立评价检查小组，通过听课、检查指导教案、检查每周指导的原始记录、指导教师评语、教育教学与科研论文、电子课件等形式，对青年教师的政治思想、教学能力、科研能力等进行定期和随机的跟踪检查，并每学年对青年教师的培养情况给出评价。

第三节 思想政治教育辅导员队伍建设

高校辅导员是高校教师队伍和管理干部队伍的重要组成部分，是开展大学生思想政治教育、促进校园和谐稳定的骨干力量，是大学生健康成长的指导者和引路人，是维护高效稳定和建设和谐校园的重要队伍保证，是培养和造就社会主义合格人才的实践者之一。建设一支高水平的辅导员队伍，对于全面贯彻高校工作要求，把大学生管理和思想政治教育落到实处，具有十分重要的意义。因此，党中央、国务院历来高度重视高校辅导员队伍建设。

辅导员是教师队伍和管理干部队伍的重要组成部分，是开展大学生思想政治教育、促进校园和谐稳定的骨干力量，是学生日常思想政治教育和管理工作的组织者、实施者和指导者。

辅导员是工作在大学生思想政治教育第一线的重要群体，是做好大学生日常思想政治教育和管理的骨干队伍，是主阵地上的基层指挥官，因此，《普通高等学校辅导员队伍建设规定》对辅导员队伍建设提出标准化要求，对辅导员队伍进行系统化培训，以期达成辅导员队伍的高水平建设。

对高校而言，拥有一支"政治强、业务精、纪律严、作风正"的高素质、职业化、专业化的辅导员队伍是非常重要的，诸多培训，除了对辅导员专业知识、专业技能和专业水平的培养外，还增加了职业道德素质的培养，对辅导员思想政治教育基本能力、大学生党建工作、学生事务管理、心理健康教育、运用网络能力、职业生涯规划等方面加强了培训，从而在组织上给予有力的保障，在实施策略上采取科学的方法，加强辅导员自身素质，促进辅导员职业化、专业化的全面发展。

高校只有更新观念、创新思路、积极实践、提高保障，才能实现辅导员队伍的素质提升和能力提高，高校应深刻认识到辅导员队伍建设的重要性，拓展渠道途径，创新方式方法，着力促进辅导员队伍全面素质的进步。高校应积极落实各类培训、教育和实践，增强辅导员队伍的职业自信，为辅导员发展铺垫好未来之路，才能培养出优秀、稳定的辅导员队伍，为大学生思想政治教育工作助力。

加强培训培养，进一步拓宽辅导员发展空间。一是着力做好辅导员培训工作。学校可以每年统一组织新聘辅导员进行系统的岗前培训，内容包括思想政治教育方法、学生工作实务、党团工作指南等，帮助他们尽快熟悉工作，了解业务。通过专题讲座、参加校内外辅导班、到兄弟院校挂职锻炼、海外交流等方式对在岗辅导员进行培训和指导。此外，按照职业化标准对在岗的学生辅导员进行专业知识和职业技能培训，提升实际工作能力；二是注重辅导员学历和能力的同步提升，支持辅导员攻读相关学位。开展学生思想政治教育、学生发展指导和学生事务管理等方向的学位教育，增加辅导员职业的知识含量，智力含量、提高工作的专业化水平。

统筹规划，打通辅导员发展序列，明确发展方向。实行行政职级和专业技术职务聘任制相结合的方式，设立一至五级辅导员职级，分别对应科员、副科级、正科级、副处级、正处级，按照干部工作的规定，由学校党委统一选拔、任用和管理。设立"学生思想政治教育与发展指导"专业技术职务序列，成立专门的专业技术职务评审委员会，单划指标、单定标准，按照助教、讲师、副教授、教授等职级评聘辅导员的专业技术职务。

建立严格有效的考评激励机制，科学管理辅导员队伍。一是建立科学的评价体系。将辅导员考评纳入全校教职工考核体系，通过德、能、勤、绩四个方面，对辅导员带学生数量、学生满意情况、工作开展情况、学生指导及教学情况、学术研究情况等方面的表现进行考核；二是进一步完善激励机制。将辅导员考核结果与职称聘任、职务晋升和各类津贴直接挂钩，使考核真正起到激励作用。此外，学校每年评选一次优秀学生辅导员，优秀学生辅导员由各院（部）推荐，由学校学生工作管理委员会组织评选并由学校进行表彰奖励。

辅导员队伍的建设，关键是对人的塑造，高校应充分认识到加强辅导员队伍建设，是坚持育人为本，德育为先，搞好学生思想政治教育的必然要求，对推进素质教育、促进大学生的全面发展和健康成长成才有着十分重要的地位和作用。高校只有加强辅导员队伍建设，优化队伍素质，才能使辅导员成为学生思想的引领者、学习生活的指导者，成为学生的良师益友。辅导员队伍的建设是学校改革稳定的保障，是人才培养的必然。

强化待遇保障，认真落实辅导员行政职级晋升政策。根据上级文件精神，学校明确规定了辅导员行政职级晋升政策并切实抓好落实，在全员岗位聘任中，学校专门面向辅导员设置二级学院学工办主任的正科级实职岗位。与此同时，学校对辅导员实行教师岗和管理岗双线聘任政策，并按照"就高不就低"的原则发放岗位津贴；根据辅导员实际工作特点，学校除对辅导员同等发放校内酬金外，还专门发放辅导员津贴和超工作量补贴，辅导员收入高于校内其他同级人员收入水平。

优化成长机制，开展辅导员分研究方向培养工作。学校依据辅导员工作内容并参照学科分类，将辅导员工作及其研究划分为七个方向，即：大学生思政教育与党团建设、日常管理与服务、生涯规划与就业创业教育、创新精神和实践能力培养、心理健康教育、国防教育、校园文化建设与社团活动。按照上述方向并充分考虑辅导员个人兴趣特长和工作需要，学校将辅导员分组成立不同的研究团队，在培训研修、工作研究、申报课题、开设课程、考取资格证书等方面按不同方向有侧重地给予指导和支持，促使辅导员进一步凝练主攻方向，逐步实现"一专多能"。

拓宽发展空间，真正将辅导员纳入教师培养序列。学校把辅导员职称评审纳入统一的教师职称系列，每年单列指标、单定条件、单独评审，既注重工作实绩，又坚持学术标准，确保辅导员的职称有序晋升。对于具有副高以上职称且通过研究生导师资格审核的辅导员，学校聘任他们担任思想政治教育等相关学科的研究生导师，并将辅导员纳入校级青年学术带头人、校级优秀青年骨干教师遴选培养计划，进一步加大学术培养力度。另外，学校将辅导员纳入学校百佳本科教学教师评选序列并单列指标、单独评选。

着眼长远发展，实施辅导员后备人选培育计划。2013年起，学校在免试硕士研究生推荐录取工作中，专门设置了"辅导员专项计划"，即遴选一定数量的推免生作为辅导员后备人选进行培育，毕业时作为辅导员的重要来源优先选聘。这些后备人选以攻读学校新设的大学生思想教育与事务管理、心理健康与发展指导、国防教育等方向硕士学位为主，并兼任辅导员工作，加强实践锻炼。学校有针对性地为他们配备双导师，加强实际工作指导；把他们纳入辅导员培训培养工作体系，提供各种学习研修机会进行重点培养。

第四节　思想政治教育兼职队伍建设及思考

一、思想政治教育兼职队伍建设

高校思想政治教育的兼职队伍是不可或缺的力量，对大学生思想教育和行为养成具有强大的推动作用，因此，高校对党务兼职人员，如党支部书记、兼职组织员，对兼职班主任、宣传工作者等都需要加大培养力度，要注重大学生思想政治教育的兼职队伍建设。

当前，我国处于全面深化改革阶段，在此背景下高校肩负着贯彻党的方针、政策的重大责任，高校基层党支部是党在高校党委组织中的基本执行单元，而党支部书记则是具体执行人，其素质高低直接影响执行效果好坏。因此，如何建设一支政治坚定、学养深厚、有重要影响的党支部书记队伍，是新形势下提高高校基层党建工作水平，开展好高校宣传思想工作的关键所在。

高校须清晰地认识到党支部书记作为基础组织的组织者、领导者，其素质的高低、能力的强弱直接关系到党支部政治核心和战斗堡垒作用的发挥，因此，必须通过加强党支部书记队伍建设，提高党支部书记的政治素养和业务素质，树立党支部书记的服务意识和责任意识，为党支部书记干事创业、发挥作用提供舞台，让党支部书记有位、有权、有责。要建立党支部书记队伍建设的长效机制，要面对存在的问题，思考解决突出问题的方法，应加强党支部考核机制、党支部书记培训机制、党支部书记保障机制等方面新举措的实践，应建立健全党支部书记岗位责任制、目标管理制度、教育培训制度、联系党员群众制度、考核评估制度、定期谈话制度、党支部书记导师制度等，使党支部书记队伍建设有制度可依，有章法可循。要通过建立健全完善的党建工作机制并狠抓落实，规范党支部书记队伍建设工作，不断提升党支部书记的素质，从而确保党支部建设的高质量，大学生思想教育的高水平。

发展党员工作是党的建设的一项重要的经常性工作，是党的建设新的伟大工程的基础工程，组织员是做好发展党员工作的重要力量，组织员队伍建设状况直接关系到发展党员的质量和水平。

高校应加强对组织员的培训，提高组织员队伍整体素质，这是做好新形势下党员队伍建设工作的迫切需要和提高工作水平的可靠保证。要根据组织员队伍状况，制订出切实可行的培训规划和计划，并对培训的目标、内容、措施等提出明确要求。组织员培训应实行分级负责，一级抓一级。另外，对组织员的培训要注重针对性、突出专业性、体现时代性，要认真学习党的理论、思想和党的路线方针政策，发展党员和党员管理教育方面的业务知识以及有关市场经济、现代化的办公技能等方面内容，同时要注意培养和提高组织员调查研究能力，善于研究发展党员和党员管理教育工作中的新情况、新问题，及时交流工作情况和经验。通过教育培训，不断提高组织员的理论修养、政策水平和工作能力。

另外，该意见中通过实施组织员工作考评制度，对成绩突出的组织员予以表扬和奖励，这也是值得借鉴的方法，组织员的工作，确实需要付出巨大的心力，才能呈现出应该有的作用。因此，该制度为组织员队伍的持续良性发展提供助力。

高校应充分认识到建设一支高水平的班主任队伍，是新时期高等教育跨越式发展大背景下高校思想政治教育工作与时俱进的必然选择，将班主任队伍建设作为加强和改进大学生思想政治教育的关键环节，作为提高人才培养质量的基础性工作常抓不懈，锻造一支结构合理、综合素质高、乐于奉献的班主任队伍，对于全面贯彻党的教育方针，把大学生思想政治教育工作的各项任务落到实处，具有重要的意义。因此，高校要充分思考班主任的培训机制，深入思考和实践提高班主任的工作素养和能力水平的方式方法，加大对班主任工作的重视力度和扶持力度，提升班主任对工作的情感融入和热情投入，实现班主任工作的实效意义。

二、思想政治教育队伍建设思考

加强和改进高校宣传思想工作队伍，要坚持党管宣传、强化责任，坚持德才兼备、全面发展，坚持统筹规划、分类指导，坚持从严从实、改革创新，以加强思想理论建设为根本，以配齐建强队伍为重点，以提高工作能力为核心，以改革完善激励机制为保障，努力建设一支信念坚定、数量充足、结构合理、能力突出、勇于担当的高素质宣传思想工作队伍。

由此可见，加强高校思想政治教育队伍建设是一项系统工程，对教书育人及学生培养起到了重要的作用，高校要高度重视这支队伍的建设，并立足本校校情，建立切实可行的措施，加大投入，营造人才成长的制度体系。

（一）加快思想政治理论课教师的培养

高校思想政治理论课教师承担着对大学生进行系统的马克思主义理论教育的任务，必须具有坚定的信仰和扎实的理论，必须具备更高的师德标准，对大学生思想政治教育工作要有强烈的使命感与责任感，才能保证党和国家事业长远的发展。高校应切实提高思想政治理论课教师的专业能力、人文素质、科研水平，在优化思想政治理论课教师队伍的总体结构的基础上，加大对思政课教师的培养力度和投入，大力培养坚持正确的政治导向、理论功底扎实、善于联系实际的教学领军人物、中青年学术带头人和骨干教师。

1. 培养专业能力

高校教师的专业能力是现代社会和高等教育发展的必然要求，是大学生思想政治教育持续发展、教之有效的必然要求。高校要注重青年教师教学能力、科研能力、信息技术应用能力、反思能力、社会服务能力等能力的培养，建立思政教师专业能力的培养策略，通过培训、交流、科研、学习夯实专业理论基础，围绕时代要求、主题特色和学生特点，结合新媒体手段与传统形式，丰富、创新课程设计，提高课程设计能力和表达能力，以直观的内容、生动的讲述提升教育效果。要为青年教师的科研水平提升创造平台，建立保障奖励机制，要鼓励教师"走出去"，积极参加两课教学科研交流，提高教育艺术，创新教育方法，激发思政教师的科研热情，进一步提升思想政治理论课教学的针对性与实效性。要注重教师的反思能力的培育。美国心理学家波斯纳提出了教师成长公式：教师的成长＝经验＋反思，即没有反思的经验是狭隘的经验，至多只能形成肤浅的知识。如果教师仅仅满足于获得经验而不对经验进行深入思考，那么，他的发展将大受限制。对思想政治教育教师亦是如此，高校要引导教师以教学活动为思考点，经常性地反思教育策略、教育效果、教育方法、教学质量，通过反思促使教师对教学进行学习和研究，发现问题并力求解决问题，追求教学实践的合理性和有效性，并不断改进和完善教学活动，提高教学能力。

2. 培养人文素质

高校应注重培养思政教师的思想品德修养，加强对其思想素质、政治素质、道德素质的着重培养，引导思政教师树立科学的世界观、积极的人生观和科学的教育思想观念，不断提升政治理论修养，规范自身言行，成为学生的榜样，以人格魅力影响教育学生，为培养社会主义事业建设者和接班人服务；高校要引导思政教师除了具备马克思主义理论知识，掌握哲学和社会科学相关的知识外，还要学好心理学知识，以此加强与学生的沟通技巧，知悉学生的成长特点和发展规律，围绕学生的心理发展特点和教育规律设计教学方法，履行教学行为，引导大学生主体地位和自我教育意识的提升，以此达成良好的教育效果；高校要培育思政教师良好的心理素质，树立积极乐观的人生理念，以饱满的热情、成熟的思维、积极的工作状态、得体的行为举止，赢得学生的信任与尊重，要以健康的体魄和良好的身体素质，积极投入教书育人、立德树人的工作中去；高校思政教师还需要有受人尊重的外在形象。高校思政教师的风度和仪表行为直接反映教师的内在思想、道德情操、文化修养和个性等内在美和外在美，教师的文明风度和仪表行为对学生起着潜移默化的熏陶作用，有助于促进学生道德品质和健全人格的形成。教师的文明风度和仪表实际是在传递知识、道德和思想，对教学有强化作用，能给学生以情绪上的感染，使学生保持良好的听课情绪，能强化教师的教学效果；高校要加强思政教师的道德建设，不断完善师德评价体系，加强学术道德建设，健全政治理论培训体系，加大思想政治理论课教师培训力度，进一步提升思想政治理论课教师的理论素养和政治操守，大力倡导奉献精神和教书育人、为人师表的教风。倡导思想政治理论课教师不仅要把思想政治理论教育当作职业来做，而且当作事业来做，以自身的人格魅力和坚定的政治信仰来感染学生，由此提高思想政治教育教学的实效性。

（二）强化辅导员队伍高质化建设

辅导员队伍是高校人才培养不可或缺的重要力量，高校应统一认识、全局规划、优化措施、积极培养，注重辅导员队伍的专业化、职业化建设，专注于辅导员队伍的能力培养与提高，实现辅导员工作有条件、干事有平台、待遇有保障、发展有空间，有效提高辅导员队伍的整体质量。

1. 着眼战略定位，明确建设标准

高校的根本任务是人才培养，"立德树人"是大学生思想政治教育的重大任务，特别是在政治多极化、经济全球化、文化多元化和信息网络化的日趋深入和发展的今天，为大学生思想政治教育带来了挑战与机遇。如何加强和改进大学生思想政治教育，加强辅导员队伍建设对高校提出了新的要求。高校应清楚地认识到：加强辅导员队伍建设要明确标准，让党放心，受学生欢迎，并要结合时代内容予以落实。这里既包含了政治标准、能力

标准，又包括工作要求、作风要求。既要求辅导员在知、心、行上始终与党中央保持高度一致，坚决维护党和国家的利益，认真贯彻党的教育方针，掌握高等教育发展规律和人才成长规律，培养中国特色社会主义事业合格建设者和可靠接班人，又要求辅导员贴近实际、贴近学生，亦师亦友，与学生知心交流。辅导员要根据不同时代学生的不同特点，及时把握学生的思想动态、学业动态、认知动态，以学生乐于接受的方式指导和帮助学生面对实际困难，解决实际问题。辅导员要关爱学生，严谨求实，自尊自律，以人格魅力、学识魅力、行为魅力教育感染学生，做学生健康成长的指导者和引路人。

2. 完善制度设计，创新建设机制

高校要加强顶层设计，不断健全和完善辅导员队伍建设的制度体系。一要严格选拔机制。高校要根据实际工作需要和辅导员角色定位，做好辅导员选聘、配备工作，严格选拔标准，规范选聘程序，确保择优培优，科学、合理地配足专兼职辅导员，切实把德才兼备、乐于奉献、行动有力的同志选聘到辅导员队伍中来；二要完善保障机制。高校要关心辅导员的健康发展，为辅导员职务和职称晋升等方面提供平台，增强辅导员对职业的认同感，提升辅导员做好工作的行动力，如增加辅导员定向读博的机会，加强对辅导员职业发展的规划和引领，引导辅导员有奋斗目标和积极意识；三要强化激励机制。高校要保障辅导员的薪酬待遇和地位认可并予以岗位津贴和专项奖励，不断完善辅导员的奖励机制，将优秀辅导员的表彰奖励同时纳入教师表彰和干部表彰体系，立典型，重宣传，提升辅导员工作的荣誉感、责任感和使命感，激发辅导员工作的积极性、主动性和创造性。

3. 注重专业培养，提升建设水平

加强辅导员队伍专业化建设，不断提高辅导员的工作能力和职业素养，这是做好辅导员工作的基础，也是加强辅导员队伍建设的需要。高校要通过加大对辅导员队伍的培养、培训力度，努力培养、塑造一批以大学生思想政治教育为职业的专业型、专家型、高能型人才。围绕辅导员的思想素质、业务能力和实践锻炼等方面，加强各类培训。要支持、鼓励辅导员积极参加思想理论学习和心理咨询、职业规划、就业指导等方面的职业技能培训，为辅导员提供国内、国外交流和访问机会，引导辅导员积极参与课题研究和挂职锻炼，建立适合于辅导员发展的综合培养培训体系，不断提高辅导员的专业化水平，增强辅导员的实操能力。

（三）注重心理健康教育队伍建设

心理健康教育是一项兼具理论性、实践性、系统性的工作，对高校而言，拥有一支受过系统培训、具有一定理论水平和实践经验的心理健康教育队伍，是大学生思想教育的有力保障。因此，高校要加强心理健康教育队伍的建设，通过对心理健康专、兼职队伍的有力建设，为大学生提供心理安抚、思想引领、成长成才的辅助。

1. 专职队伍建设

高校应建立心理健康教育中心或咨询中心，向学生宣传普及心理学方面的知识，提升学生心理健康素质，及时发现和预防心理问题，建立并完善大学生心理危机干预机制，对学生心理问题做到提前防范、实时监控、及时发现、及时疏导。要加强对专职教师的培养，引导教师成为理论扎实、业务精湛、学识广泛、素养全面的心理指导师。要建立健康有效的心理健康教育教师培训体系，通过专家讲座、岗位实践、团体辅导、案例研究等环节，加强对教师的培训，另外可将教师培训与资格认证体系相结合，为心理健康教育教师专业可持续发展提供支持。高校应建立心理健康教育队伍过程化考核培养机制，通过提高待遇，奖励先进，提供更多的进修、培训、参会、评优、晋升等机会，鼓励教师积极参与大学生思想政治教育工作。另外，高校要加强心理健康教育队伍的科研能力的培养，注重心理健康教育辐射力和影响力，要树立典型，宣扬特色，提升心理健康教育的厚重感和使命感。

2. 兼职队伍建设

学生工作干部作为大学生思想政治教育的中坚力量，也是高校心理健康教育的重要队伍，高校要加强对辅导员、班主任的心理健康教育能力培训，鼓励辅导员和班主任通过阅读书籍、实践技巧，提高心理健康教育的实效性。要让辅导员和班主任通过身体力行、身正为范，与大学生和谐互动，加强交流，注重引导，为大学生树立榜样，解决问题。高校可采用讲座、团体辅导等灵活多样的方式，分期、分批、分层次地开展辅导员、班主任的相关培训、交流，不断提高他们的心理健康教育意识和从事心理健康教育的实践技能。还可通过心理健康教育优秀案例评选等活动，充分利用资源共享，强调经验分享，提高辅导员与班主任的心理健康教育水平，增强其参与的积极性和主动性。

高校要利用全体教师的资源，全方位地实施大学生心理健康教育。全体教师作为大学生思想政治教育的参与者，也是实施心理健康教育的直接力量，因此，高校应引导教师提升教育的责任感，引导任课教师充分发挥课堂教学的主渠道作用，寓心理健康教育于课堂教学之中，在学科教学中随时捕捉学生的心理波动，适时化解学生成长中的心理困惑与烦恼。要求教师善于发现并利用学科知识中有关心理教育的一些内容，适时地对学生进行心理辅导，激发学生积极健康的生活态度，培养学生持续高涨的学习热情，铸造学生顽强拼搏的意志品质，使学生在潜移默化中培养良好的心理品质和健全的人格。高校应引导全体教师提高心理健康教育的参与度，营造正面、积极的有利于学生心理发展氛围，鼓励教师强化教育教学心理综合培训，鼓励教师参与国家心理咨询师考试及培训，注重教师心理健康教育实操能力的培养。另外，高校还应在职称评定、职级提升、工资待遇、精神和物质激励等方面考虑扶持政策，提高教师的自我认同感和主观幸福感，激发教师主动自觉地饱含热情地从事心理健康教育工作。

高校要积极发挥学生队伍的作用，加强大学生心理健康委员、学生组织干部的心理健康知识教育与培训，通过朋辈关系融入大学生群体，以优秀姿态对他人起到潜移默化的作用，以学生视野主动发现问题，通过学生之间的交流与沟通，及时掌握周边同学的心理状态，通过学习、生活、交往、情感等多个维度对本班学生的心理状态进行报告，做好每周的心理健康周报。要建立大学生心理危机干预制度，及时避免因心理问题而引发的事件，要通过专题班会、团体辅导、专题讲座等方式向同学宣传心理健康知识，提高大学生的心理健康水平；要通过大学生心理健康协会开展的心理健康教育活动，助推大学生的健康发展；要通过心理健康教育系列活动的开展，丰富学生心灵世界和心理知识，拓展大学生的心理素质，营造心理健康教育的良好氛围，提高学生的心理健康水平。

第七章　高校思政工作协调整合

第一节　高校思政工作协调与整合的含义及内涵

思想政治教育属于综合管理科学和教育科学，具有实践性和理论性。从结构功能的角度来看，它结合了不同的要素，它们在彼此作用和联系的过程中，发挥了各自的功能。思想政治教育具备价值道德性、意识形态性、动态性、人文性等特点，这些特点共同驱动了思想政治教育机制的复杂化、完善化、具体化。但是思想政治教育机制具备能够把控的运行规律，能够被人们习得和掌握。

一、高校思想政治工作基本理论

（一）高校思想政治工作的含义

从表面来分析，机制这个概念和机器有联系，但是实际上它属于具有隐喻性的概念。机制是指某个事物内在的活动方式，其既包含每一个构成机体的部分，也包含它们彼此之间的关系，还包含这些结构互相作用的方式和彼此产生的变化过程。

学生工作机制指的是为了完成预期的教育目标，在一定思想和理论的指导下，影响目标实现的各个要素间彼此制约、彼此作用、彼此联系，并在一定范围实践中形成的运行方式、操作方法、活动结构的系统。学校应该构建一个可以长期促进大学生全面发展的，有效发挥大学生思想政治教育功能的，和谐的、合理的、科学的工作机制。

在发挥功能和协调结构的基础上，要构建促进大学生各方面素质健康、和谐、全面发展，有效发挥大学生思想政治教育功能的作用机制。目前在关于大学生思想政治教育工作的概念方面还存在争议，有"人本主义"与"物本主义"的差别。首先，高校思想政治工作立足宏观的高度，对机制问题进行分析，关注的是高校整体，这就很容易仅仅将教育者视为主体，研究的视角成为传统的单向度视角。而大学生思想政治教育工作既强调立足高校的角度，分析整个过程的运行，也强调要立足大学生这一群体的微观视角，对过程的运作进行深入分析。其次，二者的主体是不同的。高校思想政治工作的主体是管理者、教育者或是高校，而被管理者和被教育者是大学群体，他们是客体，存在于思想政治教育工作的过程中，大学生也是其研究的主体。管理者、教育者、高校是服务主体，而并非强制主体，是促进大学生成长的引导者和服务者。不仅如此，高校思想政治工作机制的思维方式不断朝着物化的方向发展，对于科学化规范和量化效率高度关注，但是却不注重学生的长远发展和各个部门之间的沟通交流。而大学生思想政治教育机制期望能够突破这种思维模式的束缚，在机制中运用非正式教育和非正式管理，注重学生的成长和发展。

结合以上论述，高校思想政治工作概念是在大学生思想政治教育这个领域中的扩展和丰富，由此对其进行界定：大学生思想政治教育工作指的是在思想政治教育各种规则的指导下，为了提高大学生的实践能力、思想道德认知，促进大学生健康成长，高校中的个人、团体、各个部门、活动等思想政治教育各要素彼此通过互相制约、作用、联系、协调，而构建的具体的、动态的活动结构、运作方式，这个体系具有很强的操作性。大学生思想政治教育机制属于一个整体的运行系统，具有其特殊性。作为思想政治教育机制的主体，大学生都是受过高等教育的人，素质高，具有一定的理论思维能力和分辨是非的能力。所以在对他们进行管理和教育时，要用情感去打动人，用道理去说服人，避免其受到主观因素、人为因素的影响。在制度规范方面，要重视其公平性、人性化，发挥作为主体的大学生的主观能动性，培养其理论、更重要的是从事实践活动的能力；二是目标的特殊性。思想政治教育机制不仅要实现管理和教学、稳定、合理、有序运作的目标，同时还要实现贯彻党的路线方针政策、培养大学生能力、提高大学生道德素质等方面的目标，在行为上、价值观上，帮助大学生建立合理的、科学的价值观、人生观、世界观。三是机制要素互相发挥作用具有特殊性。主体和目标的特殊性决定了思想政治教育机制中每个要素以特殊的方式发挥作用，对思想政治教育机制中每个要素的效能都提出了高层次的要求。它们彼此之间必须强调全面开放性的合作，加强服务和引导的理念教育；四是特殊的机制运行方式。在这一方面，要综合整体性、全面性，不仅要有管理工作和教育工作的正式与非正式之分，还要重视它们；不仅要有动态发展理念，还要有协调发展理念；不仅要把思想政治教育渗透到大学生日常生活中，还要坚持思想政治教育工作的长远发展，通过培养学生的道德能力和开展素质教育，使学生的成长和社会的发展趋势相符。

（二）高校思想政治工作的特点

思想政治教育指的是社会群体有既定的道德规范、政治观点、思想观念，针对其成员开展有组织、有计划、有目的的社会实践活动，使他们形成符合一定社会所要求的思想品德。针对高校思想政治工作而言，主要表现为四个特点。

1. 运行功能

思想政治教育是一个有机系统，不是一成不变的，它处于不断的发展变化中，通过系统内部诸要素的有机整合，使得其整体功能最大化运行，通过要素的优化组合，来达到系统目标的顺利实现，来驱动整个系统顺利长远地运作。主要表现是以空间为维度的结构作用和组织方式，以时间为维度的机制运作过程，通过表面的现象，能够看到其本质性的内容，比如其中的结构、步骤、如何生成及其运行环节等。此外，规范化的制度和管理在其运作的过程中，发挥了关键调控作用。只有充分调动各要素的积极性，并为它们提供相应的保障，才能够促进思想政治教育整体功能的发展，从而顺利实现预期目标。思想政治教育系统的工作进程及其方式的作用方面也有特殊性，在组织和运行方面达到全面性认识、准确性认识，就是对思想政治教育机制的分析性。因而，思想政治教育机制研究的问题重点在于把握机体的组织形式和运行规律，最大化发挥其功能。

2. 关系协调

作为一个有机的体系，思想政治教育包含内外部中所有环境和要素。每个要素相互统一，但是又存在着差异，因而要使得系统稳定运作、处理运作中的各种矛盾，就要优化系统内部诸要素之间的关系，各要素在系统中的结构和功能各异，它们所处的地位也是存在差异的。所以要更加注重其内部诸要素之间关系的和谐，促进各要素有序发挥各自的作用，充分利用要素的积极能动性，也要对它们的功能进行限定，避免它们对外界因素发挥其功能产生不良影响。另外一方面，机体机制还要发挥协调作用，总的表现是：协调各部门之间的利益冲突、多部门配合完成一项任务、有效的信息交流和沟通。机制的关系性含义要求相关工作人员要立足整体考虑问题。在工作过程中贯穿系统论思想，不仅要注重大局，还要注重集体利益和长远利益，除此之外，还需要兼顾每个要素各自的特殊性，通过各要素的有效整合，最终要使整体功能最大化，各要素功能最优化，要持续推动各种资源的优化整合，更加有效提升思想政治工作的效果。

3. 制度规范

在思想政治教育机制的全过程中，都存在制度规范，关系协调和机制运行都需要规范化的制度的支撑，没有这方面的规范，各要素就无法有效整合，同时，在思想政治教育运作方面，也会遇到很多问题和障碍。在运用制度管理的过程中，要更加注重法治化、客观性、管理的效率性和民主化。总的来说，就是要把制度贯彻在协调、监督、考核、控制和保障等方式之中的这一过程，同时，兼具动态性和稳定性的制度规范也为思想政治教育目标的实现奠定了基础。实现思想政治工作协调整合机制的制度规范化发展，可以有效促进思想政治教育工作的稳定进行，确保机制运行能够得到法律法规的保障。也可以实现思想政治教育更加自律，使得机制在运行方面更加有序化，也会对于机制的运行规律的把握和了解更加深入，随之制度的规范化发展也会更加具有科学性，传统制度的非人性化、形式化等问题会得到妥善解决。

4. 方法科学

因为思想政治教育具有其特有的发展规律，在一定程度上具有稳定性，因而进行管理和运行思想政治教育工作研究有其方法论可循，把握思想政治教育工作发挥功能的规律与要领，一方面能够对机制的运行结果进行预测，另外一方面能够掌控机制发挥的条件。在不同的环境和条件中，控制机制有不同的运作方法。尽管机制运行具有一定的差异，但是总的而言，是有一些普遍的、共性的特点和规律的。对于各类不同的运行模式，也要注重其方法，把握其运行的本质，对于各种思想政治教育机制要达到理论上的抽象，进而形成各种各样的规范。重视方法论内涵的相关人员有很明显的工具主义倾向，将人的要素简单处理成为那种具有客观规律的、具有同样取向的要素。于是，凸显了思想政治教育工作的自发性，推动这一机制方法论的模式化发展，这并不代表方法论模式在任何情况下都能够适用，其只是在具体的情况下，在一定的条件下，其普适性才得以成立。同时，这种机制的模式不是一成不变的，也不是单一的，具有动态性和多样性，在理论上，这种机制的方法论内涵对于这种机制的运行进行了抽象，并进一步升华。要使得机制方法的实际有效性顺利实现，还需要秉持实际问题实际研究的基本原则。关注机制研究，要立足机制含义所包含的所有角度，使机制发展更为明显，掌握运行方式也更加容易；而要使机制的运行更加有序和规范，首先就要发挥人的主动性和自觉性，使其在人有目的的掌握下运行。

二、高校思想政治工作协调与整合理论

（一）协调与机制协调的内涵

最初开始，协调理论是对物理现象进行研究时使用的理论，这个原理研究的是能量转换问题，这种能量转换具有开放性的特点，是在不平衡的状态下进行的，就和外部世界的交换而言，组织内部的协调是一个自我完善、自我对接、自我调整的空间，其能够在内部进行功能、时间、空间等方面的有序组合。协调理论在产生和发展过程中，参考了突变理论、控制理论、信息理论、系统理论等理论中的优质因素，通过结构分析、统计数据、设计模型等方式，从具体到抽象，从点到面，从微小到宏大，得出了在相关系统和组织内部存在规律性。在关于协调理论的设计方面，有三个核心点：一是协调成效的开放共享性；二是自组织模式的非线性结构性；三是伺服原理的动态交替性。在这三点中，协调成效的开放共享性注重系统内部的临界状态，它也就是在开放的、复杂的系统中，有很多子系统存在，它们彼此发生作用，会产生集约效应，这种集约效应推动了整个系统经过了无序——有序——高效——稳定的发展过程。伺服原理的动态交替性确定了系统会受到要素的影响具有决定性的作用，而在系统内部存在的序参量也具有重要作用，能够对子系统发挥支配作用，在外部结构、内部结构变化时，系统中的一些序参量会以组合排列和变化结构的方式发挥干预作用，进而影响整个系统的发展。关于系统的自我适应、自我调控和自我转化，是从非线性结构的自组织模式中理解的，从空间来看，整个系统受到内外部空间的制约和影响，外部世界和系统内部结构，都会使系统发展模型发生变化。

协调思想政治教育的机制不是简单的工程，是复杂多变的，随着外部条件的变化，都可能使得思想政治教育机制的协调发展受到影响。所以，思想政治教育必须随时结合时代发展趋势，对自身的指导方针和发展方向做出优化调整，从而迎合时代发展趋势，构建与人类发展规律、学科发展规律相符的协调育人机制体系。也就是要将空间、教育、人这三方的要素充分统一协调起来，强调思想政治教育的机制协调并非仅仅对系统和组织中的硬

性要素予以关注，还要注重弹性和灵活性。它以整体系统的方式，对自身和内外部空间之间的关系进行调控。总的来讲，就是动态地保持平衡状态。注重塑造人才方面的协调，注重自身行为受到社会实践的影响，在影响、养成、内化的发展过程中，将对于社会群体的规范要求转变成为他们能够自律做到的、良好的日常行为习惯。

（二）整合与机制整合的内涵

"整合"也就是教育整合，是借助社会、家庭、学校多方的合作，产生的一种具有综合效果的共同力量。结合以上对"整合"和"思想政治教育"概念的阐释，能够了解到，思想政治教育所有构成要素本质上都属于思想政治教育这一合力中的分力。

在思想政治教育整合中，每一个发生力的因素都是独立存在，又彼此联系的，它们产生的效果并不简单是每一个因素作用力的相加，有些分力贡献的力量比较小，而有些分力贡献的力量则比较大，还有一些分力贡献的力量可能被忽略，其最终的效果比每一个分力相加的效果要大，也就是说，是一种达到"1+1＞2"的整合效应。

（三）高校思想政治工作协调与整合的异同点

1. 高校思想政治工作协调与整合的不同点

高校思想政治工作协调与整合的不同点主要表现为研究角度之不同。针对高校思想政治工作的协同机制与协同理论为基础进行研究，学者孙建从协同育人理论的角度出发，提出了目标统一、外部协调、各子系统有效组合的育人机制，目的就是要促进序参量的常态化发展。以生态学理论支撑高校思想政治工作协同机制研究，从协同理论的相关要素出发，进行思想政治教育工作的协同创新。总而言之，思想政治教育是一个大系统，其发展变化除了受自身的影响外，也受到其他系统的影响，尤其是社会系统的影响。所以，思想政治教育的协同创新也要随条件的变化而变化，在不同的条件下做出适当的调整，以实现其科学发展。理论指导实践，实践反馈理论，在实践中不断丰富和发展理论，促进协同创新发展，是现代社会发展的需要，也是时代的显著特征。推进思想政治教育工作的发展，要遵循其发展的一般规律，同时也要结合时代特征，融合时代内涵，体现时代性。从协同创新理论的范畴来看，思想政治教育的发展同样也是一个别具特征的演变过程，是一个开放性、不平衡的发展进程。运用协同学、创新学理论研究思想政治教育创新发展问题，不仅能够匡正对发展问题的认识，还能提供科学的方法和有力的实践指导。因此，对于思想政治工作的协调来说，思想政治工作的协调是对于原有思想政治工作机制的工作模式、工作内容的重新设计。

对于思想政治教育的整合来说，整合理论是基于恩格斯研究的整合，是将各种力量交错、配合所形成的一种综合和总量的结果。在思想政治教育整合中，每一个发生力的因素都是独立存在，又彼此联系的，它们产生的效果并不简单是每一个因素作用力的相加，有些分力贡献的力量比较小，而有些分力贡献的力量则比较大，还有一些分力贡献的力量可能被忽略，其最终的效果比每一个分力相加的效果要大，也就是说，是一种达到"1+1＞2"的整合效应。因此，思想政治教育的整合是对原有思想政治工作机制的精简和增设，会改变原有的部分机制，并且改变力度相对比较大。

2. 高校思想政治工作协调与整合的相同点

高校思想政治工作协调与整合的相同点主要表现为研究主体与客体的一致。思想政治教育的主体性是由思想政治教育者的主体性、受教育者的主体性和思想政治教育活动的主体性有机构成的复杂整体。所谓的思想政治教育主体协同强调：家庭、学校、社会等多元的教育资源、教育力量的整合集聚，通过协调合作，实施同步教育，形成教育整合，从而推进人的全面发展。在信息化时代迅速发展的今天，利用信息平台，整合收集更丰富的教育资源，对于实现思想政治教育主体协同具有重要作用。因此对于思想政治教育协调与整合的主体来说，其实施主体是相对一致的。

对于协调与整合来说，其实施对象都是对于机制的改善，因此实施对象一致。机制的建设创新性发展包括多方面的内容，而最重要的有以下几个方面：有保障方面的机制创新、运作方面的机制创新、评估方面的机制创新、领导方面的机制创新建设。目前学术界有的强调要发挥高校党委的作用，加强宣传工作的疏导、组织、协调等方面的功能。有的强调加强思想政治教育工作的教育机制和渗透机制建设，打造多样化的网络教育平台，重视思想政治教育工作在其他工作中的重要地位和作用。第一，以课堂教学为出发点研究协同机制；第二，以多渠道的教育协同为出发点进行协同机制建设；第三，从校园文化入手来研究协同机制；第四，以高校党建工作为出发点来研究协同机制创新发展。加强高校内部机制建设、高校与高校之间的机制建设，高校与其他单位之间的机制建设、加强党建工作，明确目标管理、决策管理、执行管理、监督管理的机制运行方式，强化落实管理工作。学生在教育中要树立科学发展观念、正确的职业观念、主体性观念，以不断提升自身的思想道德素养和科学文化素养，在工作中要提高工作质量，树立协同育人、全面发展的教育观。

综上所述，高校思想政治工作协调与整合，就是高校思想政治工作者利用自身主体性，通过一定方法与手段对家庭、学校、社会等多元教育资源、教育力量的重组整合，从而实现高校思想政治工作机制的完善与发展，进而推进受教育者的全面发展与进步。

三、高校思想政治工作协调与整合的相关理论

（一）马克思主义人学理论

思想政治教育作为一种繁杂的活动，须立足多个角度，参考多个学科对其进行考察和研究。需要关注一点，思想政治教育的主体是人，这一活动的教育者、管理者、组织者和受教育对象，都是人。只有对人进行深入的、正确的研究和认识，才可以全面开展思想政

治教育协调整合创新工作。

人的社会性和历史性是有紧密联系的。尽管马克思主义人学也主张重视人的价值，维护人的自由、权利、尊严，促进人的全面发展，但是又历史地、具体地看待诸如自由、权利、尊严这些道德范畴和价值，注重研究人发展的历史环境，立足历史的角度，科学地解读了人是从哪里来，要到哪里去，人的本质是什么这个历史课题。思想政治教育机制协调参考了马克思主义人学思想的历史研究视角，充分协调和深入解读现代思想政治教育的历史阶段和社会背景，以此为基础，进行创新研究。

根据学界关于高校思想政治工作对于协同工作机制的研究及其一些相关的研究分析与总括，可以得出目前所取得的一些研究成果具有以下特点：

首先，研究的高度不断提升。随着国家对思想政治工作的重视程度加强，学术界对高校的思想政治协同机制的一系列研究也逐渐深入，并对其进行了全方位的探索。

其次，研究的范畴也不断扩大，并能紧跟时代的发展趋势。21世纪是一个信息化时代，"互联网+"成为社会各大领域发展的主流，而学术界对高校思想政治工作的研究也跟随时代步伐，逐渐朝着一个新的、多元化的方向深入发展，不管是从理念还是从内容上都做到了创新，运用新的技术手段取得了一定的科研成果。

最后，就是研究的视角能够不断地结合实际。第一，对高校思想政治工作的研究高度能够结合实际。这主要包括对高校思想政治工作协同的创新改革、对辅导员工作的实际探究以及教学、校园工作的协同创新等内容；第二，研究内容能够紧密结合当下大学生的需求，深入研究符合大学生成才要求的高校思想政治协同工作的理论，并结合实践，为大学生成才提供更多的专业路子。

（二）高校思想政治工作理论与实践研究

协调学就是协调合作的学问，目的在于研究结构之间存在的普适性规律，分析它们最终构成的整体运作模式。协同是一种全新且复杂的组织形式，那么机制协同就是针对集成创新、引进创新和原始创新这三大主流形态所设立的，它是从多方位、多角度，通过积极配合和共同努力而形成的组织方式。机制协调已经发展为目前全球创新的一种新趋势，也是提高效率的最佳手段，协同机制的核心理念就是沟通和协作。在协调机制中，汇聚各类主要因素、社会资本和多种资源，并通过构建全新行为方式、制度体系、组织形态等方式，打破原本主体之间的行动边界和学科壁垒，全面释放组织、制度、技术、信息、资本、人才等要素的影响力，达到有机、深层、创新合作发展，从本质角度分析，其属于系统创新。特点主要包括下面几方面内容：

系统性：机制协调是将组织形式和核心目标结合起来的整合系统，通过加强各内部要素之间的联系并实现互动，便可充分地实现协作、沟通的目的。

适应性：所谓的适应性就是指机制协调在受到环境的影响后，发生变化以更好地适应发展。具体来说即协同机制的内外部要素之间互动、融合，并结合新的需求，以产生新功能、建立新型关系网等方式来促进协同组织的可持续发展。

互通性：机制协调属于融通的、互动的、包容的、开放的集成系统，为保障机制协调中行动能够同步、资源能够整合、知识能够共享、效益能够最大化，要及时创新发展，并强化和外部的信息沟通。

集成性：协调以创新发展作为基本的价值追求，协调为创新奠定了坚实的基础。机制协调具有特殊的行为模式和组织结构，同时有既定的目标，是一种能够充分表现优势绩效、合作行为、发展资本、参与主体等各方因素的发展方式。

机制协调和开放式创新、协调制造相比较而言，属于一种创新的、形式更为繁杂的组织方式，通过技术创新主体和知识创造主体互相整合资源和密切合作，产生系统非线性的叠加效果。立足协调原理的基本理论，协调、合作、沟通的创新主体和有序组合的组织要素，能够产生相应的功能。这针对思想政治教育的育人系统中各个要素，能够发挥有效的指导作用。思想政治教育是完善的、成体系的育人系统，机制协调原理与这一育人系统相适应，各种育人体系应纳入统一的创新系统中，从而最大化发挥协调和整合的效果。思想政治教育的机制协调模式是一个动态的、融合的、开放的系统，并不是封闭的、单一的系统，其具有一定的秩序性和生态性。

首先，对于"高校思想政治"和"高校思想政治工作"，不管是就单独的概念而言还是从内涵来看都呈现出混用的现象。在很多的研究中，题目是"高校思想政治工作"，但内容却是运用"高校思想政治工作"这一概念来表达。从词义表层来看，二者之间确实相互联系，但从深层来看，这两者之间有其不同，尤其在文章中一定要搞清楚内容要表达的是什么，再选择恰当的表达形式。正是由于这一现象的存在，才导致很多研究对协同机制的研究内容出现混淆和偏差。

其次，综合一系列对高校思想政治工作中协同机制的研究来看，不管是研究的内容还是研究者所选用的研究视角，都只是从表面对其中的某一部分或者是某几部分进行研究，没有系统分析多个要素存在的机制和关系。对于高校思想政治工作来说，这是一个相当庞大且繁杂的整体，而这些表层的研究并不能满足实践的需要。

再次，综合分析相关的一些研究发现，对高校思想政治工作的研究主要是对其进行的一些基本论述，而缺乏一些实证研究。虽说在有些研究中有实证研究的部分，但为数不多，这就使得理论和实践之间缺乏联系的桥梁。

最后，通过对高校思想政治工作协同机制相关研究的整理分析发现，其中多数是以对机制的创新和对整体设计的研究，相对比较缺乏对协同机制机理的研究和具体措施的研究。

第二节 新时代高校思政工作协调与整合的必要性

伴随中国特色社会主义进入新时代，我国在诸多领域又重新进入调整与变革的新阶段。高校思想政治工作作为党和国家在意识形态建设方面的生命线，它需要与时俱进，需要开拓创新。因此，紧扣时代脉搏及背景，进行高校思想政治工作机制协调整合研究正当其时。

一、高校思想政治工作更好适应新时代发展的需要

（一）价值多元化与思想政治工作一元化的矛盾

随着科技的快速发展、互联网的广泛应用，高校思想意识形态开始与社会紧密相连，高校广大教师和学生有了更为广泛的思想活动选择空间。学生不仅能够从课堂、书本中接受知识，也能够从互联网中接受各种新的思想和信息，相对于思想政治工作传统的说教方式来讲，学生的逆反心理、不信服心理比较明显。同时，互联网中传播的腐朽观念也在对学生群体产生不良影响，使得一些学生的思想存在冲突。鉴于此，也增加了思想政治工作的难度。随着教育产业化发展，高校比较单一的环境被彻底打破，学生的民主意识、自主意识、成才意识、竞争意识持续强化，兴趣爱好也更为广泛。互联网文化对大学生的道德意识与价值观也产生了一定的负面影响，包含伦理观念混乱、道德人格缺陷、削弱道德判断力、盲目西化、沉迷互联网、人际关系淡薄等现象，也都比较普遍。

（二）人才类型多元化和培养模式单一的矛盾

随着社会经济制度的转型发展，对人才提出了更高层次的多样化要求，而目前的教育制度还是沿袭了传统的教育制度，以单一化的方式培养人才。在设置课程方面，并未结合学生的特点进行设置，学生在学业和就业方面的选择是不同的，思想和价值观也是不同的，单一化的教学培养模式，无法满足学生的需求，学生的很多问题都无法得到妥善处理，对学生的引导也并不到位。对于人才类型的多样化，高校思想政治工作应该彻底改变单一的教育模式，立足学生面对的问题、所处的环境等要素，从他们不同的要求和特点出发，分析和解决具体的问题，做到因时制宜、因事制宜、因人制宜，促进高校思想政治工作的投入和产出比不断提升。

（三）思想政治工作落后和体制转型困难的冲突

随着我国建立社会主义市场经济体制并促进其不断完善和发展，大学生在价值观、道德观、思想意识等各方面都产生了很多新变化，旧的理念遭到了质疑，新的思想正在形成和发展。高校思想政治工作也受到了这些新变化影响，在计划经济时代产生的政治理论教育机制，与当时的制度能够紧密结合，但是随着经济转型发展，必然会导致思想政治工作运行机制出现衔接不畅的问题。当这种转型发展持续深化进行，思想政治工作会失去支持力量，很难在传统的基础上运行，也会遭遇构建新的运行机制的阻碍。在此基础上，思想政治工作就会陷入被动的、消极的状态。在市场经济环境中，高校思想政治工作要迎合新时代的发展，满足社会主义市场经济发展的需求，就要进行创新和优化。

（四）思想政治工作单一性和社会生活复杂化的冲突

改革开放和社会主义市场经济的发展，促进了我国经济的腾飞，与此同时，也提升了社会生活整体的发育程度，强化了人民的创新发展意识、民主法制意识、效率意识、竞争意识等，社会生活有了全新的面貌。从高校角度分析，学生的思想情况较为繁杂，他们具有很强的接受能力，信息比较灵通，思想非常活跃，价值取向和思想观念多元化。其中，主流价值取向是积极向上的、新生的、先进的、正确的，但是也必须认识到，出现了各种利益群体和经济成分之后，使得有些学生的心理失衡，出现了思想的混乱和困惑，社会公德心、职业道德均比较差，理想信念不坚定；受到各种精神需求和生活观念的影响，社会中的个人主义、享乐主义、拜金主义、功利主义、自由主义等腐朽思想都在对大学生产生负面影响，使得他们的价值观、人生观、世界观产生问题；因为就业形势和就业岗位多元化，下岗、求职难等实际存在的问题，增加了有些学生的不满情绪和精神压力。

针对以上新问题，思想政治工作中的互动性还是比较少，实施的仍旧是传统单向教育机制，无法和大学生的思想接轨。在工作中，主要是和学生讲道理，但是学生实质的思想问题却得不到有效解决。这种单向的方式，剥夺了学生的话语权，挫伤了学生的主动性，而且有些教师教学也并不认真，也影响了高校思想政治工作的效果。

二、高校思想政治工作更好发挥作用的必然选择

全部的新问题、新情况，都对高校思想政治工作提出了更高标准的新要求。怎样拓展思想政治工作的机制、方法、形式、内容，强化其实效性与针对性，帮助学生树立正确的价值观、人生观、世界观、理想信念，保障高校工作接受马克思主义的绝对领导，将战斗力和人心充分凝聚起来，这将是高校思想政治工作改善的核心任务。

（一）高校思想政治工作机制协调与整合是高校育人的基本要求

有力的思想政治教育为大学生的健康成长提供了保障。大学生思想政治教育是高等教育的重要组成部分，针对积极建设社会主义精神文明，保障我国高等教育的社会主义方向

具有重要意义,树立正确的价值导向,能够成为真正意义上的社会主义事业的接班人和建设者,有效提升大学生的综合素质和思想政治素质,帮助他们树立正确的价值观、人生观、世界观,成为中国特色社会主义事业的合格建设者和接班人,保证我国在全球竞争中的优势地位,加快实现社会主义现代化建设目标,全面建成小康社会,使得中国特色社会主义事业能够有新的接班人,具有重要的价值。

但现阶段高校思想政治工作却客观存在很多问题和不足。其表现一方面是作为高校思想政治工作主体的"两课"教师和相关干部整体的情况并不乐观。具体表现是"两课"教学存在教学内容针对性不强、陈旧、重复,教学方法单一等问题,而且"两课"教师数量短缺,整体综合素质不高,管理干部待遇低、不稳定,工作中的责任意识和使命感比较差。第二方面是高校专业课教师作为高校思想政治工作的核心力量,并未充分发挥育人功能。高校教师只注重讲解知识,但不注重育人,两方面的工作没有充分衔接。第三方面是校园文化建设作为高校思想政治工作的主要载体,并没有充分结合思想政治工作,影响了这一工作的顺利开展和成效。

机制问题是高校思想政治工作软弱无力的根本。从我国思想政治工作很多先进系统积累的工作经验来分析,只有构建一套可行的、完善的、科学的思想政治工作运行机制,才能够全面提升高校思想政治工作的效果,并能处理好高校思想政治工作开展的浅表性问题。所以,目前我国高校的思想政治教育必须保证其在机制方面的创新。要创新思想政治工作机制,重点是借助探索思想政治工作,来创新管理方式。要求其在建立和设计工作机制方面,使思想政治工作系统中每一个环节有效运作、互相作用、充分联系,优化整合和配置思想政治教育工作的各种资源。现阶段,在各种思想文化碰撞、政治多极化、经济全球化的背景下,人们的工作方式、生活方式、价值观都出现了很多新的变化,思想政治工作也面临着全新的情况、矛盾、问题。受到各种社会思潮的影响,大学生的观念差异比较大,有些观念值得提倡,但是有些观念应该制止。创新思想政治工作机制实际上也是趋于现实和形势的需求。

(二)协调整合是解决目前高校思想政治工作问题的主要途径

我国高校思想政治工作目前并未取得可喜的成效,许多专家针对这种情况,均发表了个人观点,比如要强化政工队伍建设,突出以人为本理念,优化思想政治工作的方法、内容等,这些建议中有些是值得试行的,但是真正去试行的人非常少,所以导致我国高校思想政治工作的现状很难改变。根本原因是缺乏一套有科学理念的、行之有效的思想政治工作机制,使得思想政治工作所包含的各项内容彼此没有形成统一的整体,彼此是独立分散的,整体效应发挥不出来。因为很多领导对思想政治工作没有予以高度重视,他们的上级管理者也没有给他们施加压力,从而影响了思想政治工作的成效。一般都是政工队伍确实想有作为,但是因为得不到高校的重视,场地、资金、待遇等支持都非常有限,降低了他们的工作主动性。目前,党中央对思想政治工作予以高度重视,但是高校的该项工作则并不乐观,由于高校的上级主管部门检查思想政治工作只是走一个形式,没有将这一工作和高校领导业绩、高校评比等直接联系起来，使得很多高校忽视了这项工作的重要性。

之所以会产生上述问题，就是因为思想政治工作缺乏完善的、科学的运行机制。要将思想政治教育和制度建设充分结合，促进我们党的政治优势充分传承和发展，对思想教育进行具体分析和研究，用党员干部的政治觉悟和党性来贯彻落实制度。思想政治工作这个系统比较庞大，其中每个环节只有充分配合、支持，才能够促进整体作用的发挥。如果其中的某个环节出现问题，思想政治工作的总效果就会受到不良影响。所以，目前我们要做的就是利用创新机制所使用的手段，来促进高校思想政治工作的有序开展。

（三）协调与整合是形成高校思想政治工作系统性的基础

思想政治教育资源指的是在思想政治教育活动中可以被教育者充分开发利用的，全面实现最终目的的所有要素的综合。通过这一表述能够了解到，思想政治教育具有丰富的资源，是大学生开展思想政治教育需要利用的资源，也是大学生思想政治教育整合发展需要利用的资源。现阶段，大学生思想政治教育资源并没有集中起来，而是呈分散状态，各自的优势都没有发挥出来，这就使得大学生思想政治教育的整合效果大打折扣。

大学生思想政治教育整合的过程，实际上就是整合大学生思想政治教育资源的过程，这两个过程彼此作用，紧密联系。通过一定的手段、方法等优化配置思想政治教育资源，为整合大学生思想政治教育提供依据，大学生思想政治教育形成整合可以充分整合大学生思想政治教育资源。通过建立社会、学校、家庭互相配合的协调机制，不仅能够实现有效整合，并且可以促进它们内部结构的全面升级发展，全面整合大学生思想政治教育资源。大学生思想政治教育的整合性特征，要求为了实现发展目标，必须将各种资源充分整合起来，不然的话，就会浪费资源，思想政治教育的整合效果也会受到影响。

（四）新时代高校思想政治工作合力联动运行机制的构建

新时代的高校思想政治工作合力联动机制的建立是调动中国共产党领导、社会的大力支持、家庭的积极参与、以学生为主体以及高校人才培养的中坚力量，它是由某种沟通机制作为桥梁将各类因素综合起来，经过统筹协调来形成某种合力，进而提升培养人才的效果。另外，系统的运行机制和激励机制对整个运行过程能够进行准确的评估、激励，以此来形成此机制的自我协调、完善与发展。新时代高校的思想政治教育合力的运行机制的构建主要包括以下两个方面：

首先，中国共产党领导、社会的大力支持、家庭的积极参与、以学生为主体以及高校培养人才这五个方面的育人力量有较为独立的运行环境，这就需要大力发展其内部育人力量。高校教育是人才培养工作的主阵地，要达到显著的效果，就必须使高校的教学部门、党组织、管理部门和服务部门等的育人功能落到实处。党的领导是整个运行机制中的主体，这就需要各级地方的党组织主动积极地参与到人才培养工作中来，以其独特的文化精神指导育人过程，从而实现育人的目的。社会的大力支持是保证机制运行的先天条件，这就需要正确的舆论导向进行引导，并且要加大舆论环境的监管，巩固实效。家庭的积极参与和以学生为主体是机制运行不可或缺的条件，推进家风建设可保证环境交互影响的积极性，有利于育人实效的巩固，加强对学生的正确引导可以借助群体内影响来实现育人的价值。

其次，党的领导、社会的大力支持、家庭的积极参与、以学生为主体以及高校人才培养这五个方面是紧密结合、统筹发展的，要促成各方面力量的有效结合，首先要保证沟通机制能够为各类育人力量形成合力提供基础，通过这一基础，便可以相同的目的为导向并结合各类育人力量的特点来统筹规划，形成有效的协同模式，从而保证育人的实效性。另外，通过有效的评估激励机制，来对整个系统运行的机制进行评估，以此来优化系统的运行机制。同时，评估激励机制还能够为各类人才培养的力量进行评估反馈，从而提升各类育人力量的工作实效。

（五）新时代高校思想政治工作多方联动运行机制的特点

新时代高校思想政治工作多方联动运行机制的主要特点有多体系之间具有较强的互动性、明显的方向性、联动的层次性以及机制内部要素之间的相对独立性。主要有四个特点：第一，运行机制各体系之间具有较强的互动性。在前面的论述中可以看到，党的领导、社会的大力支持、高校的育人教育、家庭的积极参与以及以学生为主体这五个方面并不是相互孤立的体系，而是具有密切的关系，它们之间相互合作并相互牵制，它们是高校思想政治多方联动机制的有机组成部分，而这一运行机制整体功能的发挥也依赖于通过各部分之间的相互协作；第二，该运行机制具有明显的方向性。党的领导、社会的大力支持、高校的育人教育、家庭的积极参与以及以学生为主体这五个方面发挥的作用各有不同，但其目标都是为了更好地促进学生的发展，保证高校思想政治工作的有效开展，从而实现育人的目的；第三，该机制的联动具有层级性。党的领导和社会的大力支持为该机制的联动运行提供了宏观指导和资源支持；高校教育是一个中观环境，它是具体的运作者；而家庭作为一个微观系统，它主要以家庭为单元，来反馈和调节学生的自我教育，促使学生内化各种作用，从而实现有效的教育过程；第四，该运行机制各要素之间具有相对独立性。党的领导、社会的大力支持、高校的育人教育、家庭的积极参与以及以学生为主体这五部分虽然紧密联系，但各个要素都有其特定的运行环境，因此我们说，各要素之间具有相对独立性。

第三节 新时代高校思政工作协调与整合的路径

一、健全管理制度

（一）部门协调

运用协调这个基本的管理方式，将各方面的工作高度统一起来，形成一股合力。党政充分配合，才能够实现各个部门之间的沟通配合，共同参与并处理思想政治工作开展的主要问题，高校中相关的组织管理部门应该深入研究分析思想政治工作的不足之处，找出产生问题的原因，有针对性地制定高校中思想政治教育工作开展的大体方向，切实做好大学生思想政治教育的工作部署。在职能、权责明确的基础上，学校各个部门要接受学校统一的、严格的管理和考核，使高校建立教书育人和服务育人的大局意识。学校教育中，教师是学生的重要他人，教师与学生的接触最多，他们是教育的中坚力量。因此，在与学生沟通的过程中，要为人师表，做到教书育人。在授课时，要将思想政治教育内容渗入其中，以更好地达到教育的良好效果。同时，学校还须做好学生工作，学校的各级管理部门要坚持落实育人工作，将管理工作和思想政治教育工作紧密结合，引导大学生具备良好的行为规范，遵守法律法规，遵守学校纪律；与此同时，在开展教育管理的过程中，要和学生的实际相协调，满足学生对就业、交友、健康等多方面的基本需求，当学生遇到问题时，要及时地提供帮助，并解决好问题，使教育管理工作更为真实地贴近学生。服务人员也要结合学生的实际，推行多种服务类别，如捐款资助、心理咨询和就业指导等多种服务项目，切实为学生提供便利的服务，让他们不仅能接受教育，还能享受各种服务。只有各个部门建立相互沟通协调、密切配合的良好合作关系，才能切实有效地将思想政治教育落到实处，最终提升高校思想政治工作的针对性和实效性。

（二）激励得体

所谓的激励得体是指要加强对激励机制的完善，使其能更好地发挥自身的功效。要加强对激励机制的完善，就必须采取以下两种措施：

要充分调动高校思想政治工作者的工作积极性。对于校领导来说，就需要不断改进并强化对学生思想政治的考察方式，紧抓思想政治工作者的日常工作，不能有所敷衍和松懈。同时，还须构建一个客观、合理的评价机制，对思想政治工作者进行全方位的考核、评估。对表现突出、工作成绩优异的思想政治教育工作者给予一定的精神奖励和物质奖励，鼓励他们在今后能够不断坚持创新，积极开展思想政治教学、科研等各项工作。反之，对于工作不认真、考核不合格的思想政治教育工作者予以批评，并监督这部分人做出检讨，对后期的工作做出规划，监督其完成各项工作。为改进思想政治教育工作者的工作内容，需要将考核制度和激励制度结合起来，把任务指标作为衡量工作者工作是否落实到位的主要标准，通过考核、评估，对优秀教育者的工作提出肯定。同时也要实事求是，指出工作中的不足，并提出整改意见，认真制订工作计划，争取把高校思想政治工作落到实处。换个角度来看，激励机制也充分地调动了广大工作者的工作积极性，促使教育工作者能够认真地进行教学、科研等各项工作，激励思想政治教育工作者不断地提高自身的业务水平，最终迈向更高的台阶。

要让学生在思想政治教育的学习过程中受到鼓励，更乐意参与学习。高校思想政治工作者的工作在很大意义上使学生能够积极、主动地参与对思想政治的学习。思想政治教育者在思想政治教育的过程中能够充分克服形式主义的不良现象，不断利用活动的形式让学生主动地参与到学习中来，并辅之激励机制，这就使得学生能够在思想政治教育的学习过程中受到鼓励，也就更乐意参与学习。

（三）树立全新工作理念

树立新理念是优化和完善高校思想政治工作的基本前提，要跟随时代发展的步伐，了解学生和社会的实际需求，不断完善工作理念，有效指导并开展工作。在市场经济发展的大环境下，高校的思想政治工作要坚持将"立德树人"这一基本理念贯彻到底，但同时还须不断强化教育过程中所提倡的"齐抓共管、形成合力""社会参与，社校协调配合"等，多种理念相互渗透，坚持做好多方联动工作，不断推进高校育人工作的大力发展。

正是由于这一形式的影响，必须以"立德树人"这一基本育人理念为核心来指导工作。"立德树人"这一理念强调人才培养的全面性，那么，高校思想政治工作的开展也就必须以学生的全面发展作为基本要求，构建育人体系。此外，"立德树人"这一理念的提出是基于社会发展的需求，那么，学校思想政治教育体系的建立也就要联系实际，结合社会的需要。总而言之，要不断完善、优化思想政治教育体系，高校的各个组成要素就要把"立德树人"这一育人理念牢记在心，并保证机制运行过程中理念的一致性，以这一理念作为核心，并结合时代的需求，逐渐融入新的育人理念，并制定出具体的目标体系，安排好统筹工作，将思想政治教育工作逐渐落实到位。

二、完善教学机制

（一）深化教学改革

首先要完善教学内容。新时代的高等学校在推广思想政治理论课的过程中，主要依据国家颁发的法规和条例进行教育方案的制订。在这样的状况下，教学内容和党的方针政策紧密关联，与时代发展方向一致。由于高校思想政治教育课程比较呆板，使得学生在很大程度上不能解决思想问题和实际问题相结合的矛盾，所以要增加教学内容的新颖性和丰富性。首先，思想政治教育工作者在教学过程中，要根据国家形式政策、高校学生实际情况以及社会实际生活经验进行教学内容的填充。思想政治教育工作者的课程内容不能只局限于教学大纲和课本，毕竟任何课本都有自己的局限性，而是应该树立新的教学观念，以开放的姿态迎接各学科的交流；其次，教学工作者不仅要完成思想政治教学大纲规定的课程内容，还要寻找各个学科之间的交融点，了解学生的日常思想行为情况，找到他们最为关心和困惑的问题。思想政治课程的教学就是为了促进学生思想的发展和成长，使他们成为全面发展的复合型人才。为了提高学生的素质和思想，需要对课程内容进行调整，从而提高学生听课的积极性，让他们在课程上有所学，有所感悟，有所获得。所以思想政治课程的内容要紧跟时代的发展，紧跟国际大形势，紧跟我国的实际发展，紧跟国家的方针政策，同时，还要结合大学生的实际情况，解决大学生最为关心的社会热点和难点问题。

其次要创新教学模式。当今社会的教学方式需要与时俱进，不能仍然按照传统的模式来。以下是几种比较新颖的教学方式：第一种是多方渗透教学方法。教师在课堂上不要照本宣科，也不要强硬地灌输知识，而是让学生在比较愉快的氛围中接受知识。例如，在课堂上给学生们讲述思想政治教育理论知识点，其中可以穿插案例，让学生对知识点有感性的认识；可以在社会实践活动中，给学生们讲述思想理论知识，让理论和实践相结合，让学生更好地理解；在生活中给学生们树立远大的理想信念，让他们为自己的理想信念更加积极努力；第二种是案例分析法。例如，教师给学生们讲述法律知识，通过案例，让学生们懂得遵纪守法的重要性和安全性；第三种是问题诱导讲述法。在教学过程中，教师先提出问题，让学生们思考如何解决问题，然后再让学生们讲述自己的解决方法，最后，老师指出几种方案比较便于问题的解决，让学生们再次思考最合理的方案，这样让学生们主动参与其中，便于他们更好地理解问题；第四种是论辩研讨答疑法。教师提出问题，让学生们分为两方进行问题的辩论，通过辩论的过程，让学生们更加深刻地了解问题，对知识有更深的印象；第五种是情景交融模拟法。通过设置一定的外部环境，让受教育者感觉身临其境，通过亲身的体验更好地将理论知识转换化为自己的知识。通过上面五种方法可以了解到，教学方式可以多种多样，不要仅仅采用灌输知识的模式。

与此同时，还要加强教学与实践的整合。思想政治课程的教学，不要仅仅依靠理论知识的灌输，还要辅之一定的社会实践活动，这样才能让学生更加充分地理解知识点。一般来说，社会实践教学分为两种模式：一种是约束机制，另一种是非约束机制。对于约束机制来说，主要指在进行思想政治课的教学过程中，学校会对学生和老师设置一定的考核标准，例如，有的学校会制定学分考核标准，需要老师和学生在规定的时间内完成一定的学分和学时。有的学校则会进行实践活动评比打分，通过老师和社会实践参与者的打分，来评判哪位学生的实践活动分数高。对于非约束机制来说，学校对思想政治课的教学模式、教学的内容、方式、评比方法等不固定，这让老师和学生有很多选择机会。对于学校的教学任务来说，给学生户外实践的目的，就是为了让学生在实践的过程中，将理论知识与实践结合起来。两种约束模式的教学方法不同，约束机制则是保证教学实践活动得到发挥，它制定的考核方式，提高了学生参加户外实践活动的积极性。

新时代高校思想政治工作机制协调整合的路径探索机制的实施不仅仅需要老师和学生

的配合，还需要学校管理部门的支持和协调。非约束机制让思想政治理论课程的实践变得更加主动。在实施的过程中，学生们可以遇到很多在教学计划中不存在的问题，这就使得实践活动变得更具挑战性，同时也避免了学生们为了完成学校的考核任务而去应付实践活动。在实际的教学过程中，学校可以将约束机制和非约束机制结合在一起，这样既能提高学生参与实践活动的积极性，也能提高教学质量。

（二）强化课程育人

大学生群体是党和国家发展的主要资源，大学生具备过硬的思想素质是成为社会主义建设者和接班人的基本要求。大学生思想道德素质的提升主要依靠思想政治教育，其中马克思主义理论的学习是学生形成正确世界观、价值观和人生观的主要手段。因此，不断改进和优化高校思想政治理论教学是整个机制运行的核心内容。新时代、新社会这一定位对高校思想政治工作提出了新的要求，高校思想政治理论课程须不断结合现实社会的实际需要，不断优化课程内容及教学手段等。

随着社会的快速发展，对各类人才的需求也不断增加，高校的专业教育也加速发展，虽然这种形式基本保证了社会发展的需求，但着眼于未来，这种趋势并不能满足长久的发展。鉴于目前高校更注重专业课程的形式，思想政治教育所处的地位相对较低。换句话说，高校更加注重对学生专业能力的培养，忽视对学生思想道德方面的教育，而这一教育模式与"立德树人"的教育理念背道而驰。如果高校继续此种教育模式，就会使学生的世界观、价值观、人生观产生偏离，伴随出现社会意识淡薄、追名逐利的不良行为，进而危害国家和人民的利益。基于此，要对高校思想政治工作机制进行优化，就必须结合目前我国社会发展的必然趋势，并结合育人的核心理念，构建完整、合理的运行机制。高校专业课教育的优化须从两个方面进行着手。首先是要优化教师队伍，提高教师的基本素养。其次是要在教学过程中，教师要注重将价值性和知识性相统一。其中，优化教师队伍，提高教师基本素养主要是指，高校要重视教师思想观念的建设，保证教师思想的纯洁性与先进性。与此同时，还要着重提高教师专业能力和科研水平，不断提高教学质量。

（三）促进创新发展

不断地突破和创新，使其顺应时代的发展变化是优化高校思想政治工作的基本要求，多方联动机制就是要求我们从内容和途径两个方面进行突破、创新。内容的创新并不是说要推倒以前的教育内容，而是说要在原有的基础上，根据社会发展的需要对内容进行增减。基于此，高校要围绕时下社会对学校提出的"培养什么样的人才——怎样培养——为谁培养"这一基本要求，理清办学理念，坚持融合党的领导、社会的大力支持、家庭的积极参与和以学生为主体多方力量，加强协调沟通，不断深入挖掘各部分资源的潜在力量，形成教育合力，使各部分的功能最大化。

在思想政治教育工作的多方联动机制中，途径的突破和创新在于不断地完善课堂教学体系，充分挖掘课堂外各环节的育人功能，发挥党的领导、社会的大力支持以及家庭积极参与这三方的育人功能。第一，不断完善课堂教学体系。课堂教学是高校思想政治工作开展的基本形式，主要包括理论课和专业课两个方面。一方面，要通过课堂教学的方法加强理论课程对学生的影响度。另一方面，在对教学方式创新的同时要强化教学过程中的价值导向作用，更好地实现知识性与价值性的统一；第二，除了课堂教学外，学生的各项活动中都蕴含着一定的育人功能。因此，高校思想政治工作多方联动机制要加强联系，推进模块发展，充分发掘各个教育环节的育人作用，保持坚定的立场和方向，形成资源共享，从而确保高校思想政治工作途径的突破与创新；第三，高校的思想政治教育多方联动机制是将党的领导、社会的大力支持与家庭的积极参与融合到工作范畴之内的，通过多种途径，形成教育合力，加强各力量之间的协调沟通，以此来推动高校思想政治工作的完善与优化，从而达到更好的育人成效。

高校思想政治工作创新发展所追求的目标就是教育的实效性，该目标的达成主要是依靠高校思想政治工作的亲和力与吸引力这一外部因素，而高校思想政治工作的多方联动机制正是吸引力与亲和力的提供者。一方面，高校思想政治工作联动机制的运行是基于教学的实际性，不断地挖掘各种内部资源，整合社会实践经验、地域特色等，使教学内容更加贴合实际，转变单向灌输的教学形式，让学生能够根据教学内容形成自主学习的氛围，不断学习、归纳并总结理论知识，真正做到理论联系实际。另一方面，在教育技术上，要不断地更新技术手段，引进先进的技术成果，让教学借助信息技术，打破时空限制、灌输限制等传统方法，引导学生自己获取知识，学会筛选，推进学生的自主学习。

三、创新评价方式

（一）评价方法创新

各项工作的实施只有采用过程评价和结果反映，才能全方位地了解实际问题的存在和效果，对于思想政治教育工作也是同样的道理。因此，必须采用绩效管理的方式，建立比较完善的科学评判标准和量化评判标准。只有通过一系列的评判标准，才能得到比较准确的答案，才能得到思想政治工作应如何进行评价，应该由谁进行客观的评价、应该怎么做的客观的评价以及最终的评价结果是什么，这需要将思想政治工作细化，将每项工作落实到个人。

一般来说，先是确定方案目标，才有对目标实现可能性的论证，才有对实现目标的实施方案。但实际上我们最看重的，就是目标最终能否达到要求。为此，我们需要对执行目标过程进行研究，发现其中的不足和问题的存在，通过对不足进行改正，对问题进行解决，最终达到理想的目标。思想政治工作是高校管理的重中之重，学校通过对学生进行思想政治的教育，让学生从多方面进行自我评价，从而发现自己的优点，挖掘自己的潜能。进行过程评价测试，是自我提升的一种手段，应该做到以下几点：

第一，要求所有成员都参与进来，把目标分割成一个个小目标，将各个位置的职务和工作内容进行明确，形成阶梯形的管理网络体系，每一个成员负责思想政治工作的任务。

由于是全体成员共同参与，所以需要进行各阶段目标的考核，增加全体成员工作的高效性。一旦确定教学目标，学校就要以此作为教学工作考核的依据，还要将此目标与学生的实际情况结合，制定出短期、中期、长期的目标，只有这样分阶段实现目标，才能更好地建立一套完善的教学目标体制。

第二，在评价思想政治工作的过程中，应该把握此工作的特征，不能将此工作单独分离出来，也不能单独对它进行评价，应该将思想政治工作和教学内容、管理方式、服务体制、科研方式相结合，这样才能全面地提高思想政治工作的效率。为了更好地体现思想政治工作特征，就需要教师在日常教学工作中注重引导作用，让教师成为思想政治工作的传递者和引导者。因此，学校要重视老师这个职位，加强教师队伍的建设，让教师给学生的思想政治起带头作用。

第三，加快健全高校内部对思想政治工作的评价体系。思想政治工作评价体系主要包含：如何健全各院系的思想政治工作的年度评价体系，并根据学校的实际情况和学校的工作内容进行改变，不断地将各阶段目标向实际情况靠拢；将思想政治工作的考核归于高校长期目标和各院系教学管理目标之中，将它们一起进行评价，从而让思想政治工作和各学院的教学任务紧密相连。明确老师的职责分工，让老师主动发挥引导者的作用，将思想政治工作发挥出最大的作用，增强大学生的学习动力。

（二）评价过程动态化

要采取各种手段，努力完善思想政治工作评估机制，毕竟它不但是思想政治工作的起点，又是思想政治工作的终端。评估是思想政治工作中不可缺少的一个基本环节，它是客观存在的，在整个思想政治工作中，拥有承上启下的作用。传统的评价方法，不太适应全媒体环境的要求，鉴于此，有必要建立网下评价与网上评价的新机制。

有效使用"网下网上"实时评价新机制，可以促进动态跟踪考核良性发展。要做好每月一次的思想政治工作，所做的工作内容，可以将其发布在高校思想政治工作的媒体上，借助一定的网络信息平台，多角度多方位地向大学生讲述思想政治工作，并全面汇报学生思想动态。与此同时，针对性地启动网上评价调查，发动学生参与投票，对思想政治工作的效果进行相应的评价，让学生多多参与思想政治工作。网下评价是网上评价的有力补充，网下评价可以采取不记名的投票方式。

"网下网上"动态评价新机制，有利于结果自动生成。通过网络信息平台，公开发布活动的动态，公开宣传大学生创先争优承诺，公开接受广大师生的评价。各级领导干部与党员要力求做到"一讲二评三公示"，每一位参与者都要认真汇报自己的工作，并力争完成创先争优所要求的工作业绩，严格依据量化标准，向上级申报加分。量化考核规定的分值，自动生产与之相对应的积分，为创先争优提供量化基础。

"网下网上"排名公示新机制，有利于活力的完美体现。在全媒体信息平台中，针对高校思想政治工作论坛的专栏，巧妙地设置"学生思想政治工作积分排行榜"，要求全院师生开展创先争优活动，并对该活动进行实时的、动态的在线报名。可以以班级作为单位，创建相关活动档案，每月定期开展评比活动，一目了然地展示相关信息。

"网下网上"评价新机制，有利于改变思想政治考核内容。在网下评价中，可以利用试卷的方式来跟大学生的思想政治教育进行考核，同时要将网上评价纳入道德评价的指标。在考核的过程中，还应当注意大学生网络行为的考核，比如说是否出现网络谣言，是否会侵犯和破坏他人网站。

（三）标准量化

如何评价思想政治教育？思想政治教育的效果如何？都应当有一个客观的尺度来对其评价。人的思维是否客观，并非一个理论方面的问题，而是一个实践方面的问题；人应该在实践中来证明自己的思维是否客观，离开实践的思维是否客观的争论，只不过是一个纯粹的哲学问题而已。在制定思想政治教育效果的评价标准时，要避免带有过多的主观思想，要严格遵循实践是检验真理的唯一标准，要充分结合被教育者的实际情况，尤其是被教育者的思想政治改变状况、被教育者的行为方式、被教育者的接受程度等；不但要结合思想政治教育的目的，更要有效结合思想政治教育的任务，要将二者进行综合分析。鉴于此，思想政治教育的评价系统，务必以学生的发展为核心，以学校的发展为基本点，采用多元化分层次的标准化系统，在大学生的群体中，其思想政治教育效果的体现，通常表现在三个方面：第一，是否促进了科研人才的发展；第二，是否推动了全校的精神文明建设；第三，是否促进了学生的全面协调发展。

四、优化保障机制

（一）硬件保障措施

1. 队伍保障

建立队伍不但要专业化，更要职业化，要拥有强大的理论基础，更要拥有强大的实践能力。所谓专业化，指的是每个人都要具备强大的思想政治教育工作经验，同时还要具备与此相关专业的知识。高校思想政治的工作人员，是大学生的人生领导者，理应具备超强的思想政治素质。作为这支队伍的成员，必须是社会主义核心价值体系的践行者，必须是社会主义荣誉观理论的坚持者，必须始终深入贯彻党和国家的重要思想。在思想政治工作中，作为高校的思想政治教育工作者，要始终坚持以科学的理论来引导人，要始终坚持以理服人的教育理念，这就要求每一位高校的思想政治教育工作者都必须具备非常扎实的马克思主义思想政治专业理论。高校思想政治工作专业性强，其本来就存在科学、客观的教学课程体系，教学内容极为丰富，所包含理论思想深厚，不但包括指导中国稳定发展的马克思主义基本思想，而且还包括一些社会心理学等方面的问题。最关键的是，高校思想政治工作是一门综合性非常强的政治教育学科，授课教师不但要具备思想政治教育的扎实专业理论，更要具备与此相关的专业领域知识，比如说心理学方面的知识、教育学方面的知识、社会学方面的知识等。

所谓职业化，指的是专门从事思想政治教育的专职人员。相关领导部门在选聘教师的过程中，一定要结合思想政治教育求职者的多方面因素来考虑，尤其是学科背景、工作能力、学历高低、道德水平等；同时还要具备相应的执业资格，比如说是否具备心理咨询师资格，是否具备就业咨询资质资格，是否具备职业咨询师资格等。加入职业资格制度之后，广大的思想政治工作人员，便会充分结合自己的岗位，更加系统、更加深入地学习与之相关的专业知识。针对思想政治教育的专职人员，学校或者相关领导部门还可以通过开展考试的形式，来掌握工作人员的执业情况，同时还可以提供相关培训，为广大的思想政治教育工作者取得相关职业证书。职业化工作的深入开展，可以推动广大的教师队伍走向专业化与职业化。

2. 制度保障

要保证高校思想政治工作机制的高效化与规范化，就必须对大学生思想政治教育机制进行制度化，制度化是规范化与高效率的有力保障。为了确保整体工作的有序健康开展，充分发挥教育功能，请务必建立与之相适应的制度。第一，有效建立管理权责制度。有针对性地对高校思想政治工作进行全方位的管理，就要确立管理者的地位，并建立相对应的管理权责制度；管理权责制度，可以让全校管理者各司其职，充分发挥监督的作用，从而高效规范整体教育的运行；第二，多角度多方位针对性地建立意见反馈制度与管理信息交流机制。借助网络信息平台，搭建网络载体之间的信息交流制度，确保所获得的思想政治教育信息的时效性、全面性、实时性，推动参与者与管理者的信息交流，加强意见反馈，提高现代化思想政治教育管理工作效率；第三，鼓励全院师生建立效果评价制度。在全学院定期地组织思想政治教育效果的评价，并针对评价结果做出相应的整改措施，评价效果一般会呈现出内隐性与延时性的特点，故而在评价的过程中，要适当利用一些特殊的评价方法与评价规则；第四，针对高校思想政治工作，建立健全与之相适应的法律法规的制度。社会主义市场经济代替社会主义计划经济之后，高等教育学校的师生都出现了思想道德方面的新问题，针对这些新问题、新情况，需要有与之相对应的法律制度来保障。法律是依靠国家的强制力来调节的，它可以有效规范与约束社会行为，可以有效抵制社会中的不良行为。法律的最终目的是匡扶正义、抵制邪恶，健全的法律法规必然会推动高校思想政治工作健康稳健发展。

3. 物质经费保障

在大学生的思想政治教育中，务必在物质与经费方面给予充分的保障。首先，要加强基本设施的建设，思想政治教育的开展，就必须以相关设施作为基础保障，如在举行大型思想政治教育工作的讲座时，必须有相应的活动场所；在推动大学生就业服务的过程中，也需要有相应的场所，同时还要有与之相对应的交通工具；有些大学生出现心理障碍，还需要有大学生心理咨询场所；有计划、有组织地建设与大学生日常生活密切相关的科技馆、博物馆、爱国主义教育等的相关工程；加强信息技术及多媒体的建设，促进学生各项群体活动的举办，加强大学生公共文化设施的建设；这些基础设施的建设均可以推动大学生思想政治教育的开展；其次，要根据学生实际，加大经费的投资，着力改善大学生的教育条件。要确保大学生的思想政治教育拥有强大的资金保障，相关领导部门要明确针对思想政治教育财政投入的比例。通常情况下，教育经费的投入主要包括两方面：第一方面是经常性的理论教育经费；第二方面是跟宣传教育活动相关的经费。在思想政治教育财政投入中，除了这两方面的经费，还应当包括实践调研的经费、与社会考察相关的经费。要使思想政治教育机制得到正常平稳的运行，就务必拥有强大的资金保障，从而有效保证大学生思想政治教育的健康稳健发展。

（二）软件保障措施

1. 提升红色门户网站的生命力

高校红色门户网站已经有了一定的历史，从创建初期到现在，已经过了十几年的时间。不管是网站内容，还是技术水平，都得到了一定程度的提高，但有的高校，其红色门户网站的内容仍然比较呆板与严肃，网站的形式比较单一，理论知识比较枯燥，过分强调教育功能；这些问题的存在，严重地影响到了网站的生命力，从而阻碍了本校红色门户网站的可持续发展。随着互联网的飞速发展，以手机为代表的新媒体，具备方便快捷、交互及时的优点，而很多高校的红色门户网站，在电脑端看着美观大方，而在手机端看着并不是特别的美观，这就失去了网站的作用。在新形势下，做好红色网站，是推动高校思想政治工作的最佳途径。

首先，要充分结合当代新媒体，在红色网站中加入内容丰富的多媒体信息。在新媒体时代，人们更加关注网站的内容，网站要具有生命力，其内容务必丰富，形式务必多样。其次，要多为用户考虑，针对性地增强网站的服务理念，在高校学生的思想政治教育中，红色网站是了解国家重大政策的重要平台，红色网站一定要发挥育人的特点，更要提高服务意识。各学校所开发的红色网站，不但要竭尽所能地为大学生提供丰富多彩的多媒体信息，更要从大学生的意识形态出发，深入关心大学生的全面健康发展；在网站上，要有大学生生活方面的话题，要有大学生学习方面的话题，还要有大学生工作情感方面的话题；可以针对大学生的实际生活情况，给大学生提供网上心理咨询、网上法制教育、网上就业指导等方面服务。网站开发者要力求将红色网站打造成为一个集各类服务信息于一体的信息服务平台，让大学生在享受红色网站的过程中不断健康成长。同时还要不断增强红色网站的互动性，新媒体最重要的一个特点便是互动性，换句话说，新媒体在传播的过程中，特别重视对人的服务，它是一种以人为中心的传播方式。红色网站可以开设各方各面的交互性栏目，可以随时对学生的思想状态进行收集，也可以随时地与学生互动。

2. 充分利用虚拟网络社区平台

对高校思想政治工作者而言，不管是教委推出的网络社交平台，还是一些商业性的网络社交平台，他们都是新媒体下的思想政治重要阵地，对于网络虚拟社交平台，要对其充分利用，有效增强思想政治工作的环境。

带有商业目的的网络社交平台，在推进高校思想政治工作的过程中，可以从以下几点入手：第一，要采取相关措施来鼓励思想政治工作者注册本网站。尤其是高校思想政治工作者，在注册网站的过程中，最好采取实名制，用自己最真实的一面来面对学生，逐渐走近学生实际生活，拉近与学生的距离，不断了解学生的日常生活，和大学生形成平等交流的良好模式，增强学生的信任感；第二，可以针对高校特点，开设班级公共主页。一些商业性的网络社交平台，太重视集体化的作用，过分强调个性化。在平台上有效开设以班级为单位的公共主页，可以有效吸引零散的大学生用户，从而增强大学生的凝聚力。学生有效利用班级公共主页，进行优秀教育资源信息的共享。最为明显的便是人人网，在人人网上，已经出现了很多以班级为名义开设的公共主页，这些公共主页已经吸引了很多大学生，他们交流的效果让人非常满意。

3. 合理构建微博德育平台

当前在大学生群体中，使用微博的人变得越来越多，很多国内外的社会政治事件，往往是通过微博迅速在网络上传播开来，作为高校的思想政治工作者，一定要高度重视微博的传播作用，有效利用微博的政治传播作用与微博的思想塑造作用。正因如此，作为高校的思想政治教育工作者，就要正视微博给高校德育工作所带来的机遇与挑战，采取科学合理的方式来构建微博德育平台。

有效构建针对性的微博德育平台。首先要着力构建相对比较完善的微博运营支撑体系。高校应当深入调查大学生使用微博的情况，针对性地健全基于微博的运营管理机制，根据学生使用微博的情况，成立专门的小组。同时对微博平台的运营队伍进行专业化的培训，提高对微博平台的使用能力，加强对微博突发事件的处理能力。就目前的发展来看，大多数的高校利用微博平台进行思想政治教育还处于初始阶段，用复旦大学来举个例子，当前复旦大学的新浪官方微博，其负责运营的主管部门是网络宣传办公室，并联合学生会、团委会、青年志愿者协会、市场营销协会等多个组织，有效地将学生的微博日常生活与德育工作结合起来，充分发挥微博的服务功能。

其次，深入学生内部，加强微博信息干预体系的建设。微博为信息的发布与传播提供了最佳的途径，但是在微博环境中，却存在很多消极信息，作为高校的思想政治教育工作者，务必警惕这些消极信息。可见，高校在利用微博德育平台的过程中，务必深入学生内部，加强微博信息干预体系的建设，力求采取各种手段，有效降低消极信息对大学生造成的负面影响。作为辅导员，就务必做到有微博，关注微博信息，增强对学生的关注力度，时刻留意相关学生的微博动态，要及时制止不和谐信息的发布与传播，对于传播消极信息的学生，要进行相应的批评教育。思想政治教育工作者要有效利用微博，推进中国主流文化思想的传播，积极引导大学生营造健康的舆论氛围。要不断关注重大事件的舆论导向，不盲目跟风，针对学生的问题，一定要做到及时沟通疏导并处理。

最后，要充分利用微博中意见领袖的强大作用。所谓意见领袖指的是，在传播网络中，经常给他人提供信息的活跃分子。作为高校思想政治工作者，一定要高度重视意见领袖，在大众传播效果的形成过程中，意见领袖起着非常重要的过滤作用或中介作用。意见领袖将相关消息扩散给受众，在网络上形成信息传递的两级传播作用。很多大学生通过微博找到了自己的老师、同学，在微博中互相关注，从某种程度来说，这种方式的确扩大了大学生的人际交往领域，但是也扩大了大学生接收信息的渠道。在网络信息传播的过程中，那些粉丝较多，信息被转发次数多的微博博主，他们其实就是意见领袖，意见领袖对网络舆论有着超强的影响力。鉴于此，高校要充分利用意见领袖的作用，授予意见领袖"校园明星同学""校园文化大使""校园明星教师"等各种荣誉称号，积极引导意见领袖营造积极向上的舆论氛围，从而有效促进思想政治工作的开展。

第八章　大数据时代高校思政工作协同育人

第一节　高校思政工作协同育人的理论基础

一、马克思主义合力思想

在整个马克思关于资产阶级和无产阶级革命研究以及著作撰写的过程中，并没有明确提出过"合力"这一说法，也没有使用过"合力"这一概念。马克思在论述社会资料的生产时，指出"受分工制约的不同个人的共同活动产生了一种社会力量，即成倍增长的生产力"。《资本论》中对此解释道："通过协作提高了个人生产力，而且是创造了一种生产力，这种生产力本身必然是集体力。"也就是说，分工合作所产生的合力最终转化为集体力。并且在马克思看来，单个劳动者劳作力量的简单叠加与多个劳动者在同一时间共同从事同一劳动所达到的效果存在本质差异。也就是说，分工合作所创造的效果和价值是单个劳动者经过很长的劳作时间、很大的劳动强度依然很难实现的。在全社会的分工合作中，扮演着决定性作用的是"同一"，"同一"是一种社会属性，可以理解为多个劳动者之间有共同的利益需求和合作愿望。基于"同一"，不同劳动者之间才能实现有计划、有组织地协同劳动，完成生产的既定目标。如何才算是有计划？这要求不同劳动者在共同目标和共同利益的驱动下，有意识、有目的、主动地开发利用资源，通过协调各自的工作内容、劳作时间、劳动强度，提升组织内部功能与结构的协调性、有序性、系统性，从而形成整体性的有效凝聚力和创造力。协作不仅使个人生产效率和能力有了明显提升，重要的是创造了新的生产力，改变社会整体发展方向和规模。

物质条件对个人意志行为具有限定性，人类只能在规定的可能性范围内进行创造社会历史的活动。但是历史条件和物质基础的限定性是通过历史进程的个体活动体现出来的，所以历史的进程是个人的意志及意志合力与物质条件的统一。此外，恩格斯从历史唯物主义的观点指出，历史的发展是一个遵循一定规律的复杂过程，除经济因素外，政治、法律、哲学、文学、宗教等各种因素也决定着历史运动的形式，但归根结底还是经济运动作为必然的东西通过无穷无尽的偶然事件向前发展，这表明经济因素居于决定性的地位，是制约合力形成的最根本的力量。

马克思在物质资料生产和恩格斯在社会历史发展的分析中有关"集体力""合力"的

论述和阐发，对思想政治工作协同育人具有突出的理论借鉴意义。高校思想政治工作协同育人是一个系统性的复杂工程，其中有人、物、技术、环境、空间、信息的参与和介入，并且思想政治工作系统与周围其他系统也是以相互作用、影响的方式发生着联系，产生思想政治工作合力。因此，要注重思想政治工作协同育人合力的开发，充分挖掘和利用不同层次、不同方面、不同领域、不同环节的育人资源，尤其深刻把握工作主体、对象、介体、环体各要素之间发生相互作用的内在规律和联系，把握他们的"同一性"，使整个高校思想政治工作系统实现有效的要素整合和结构重组，促成各部分要素、各部分力量的有机互动、融合创新、协同发展，形成系统的联动效应和育人合力，致力于高校思想政治工作协同发展。

二、马克思主义人学理论

纵观马克思一生浩瀚的理论学说成就，围绕"人"研究而形成的人学理论构成了其中最核心、最关键的部分。马克思以唯物史观为基础，研究了人的本质、发展、价值、需要等问题，为思想政治教育开辟了一个新的视野。关于人的本质问题，马克思做出了清晰而现实的回答，"人的本质在其现实性上是一切社会关系的总和。"一个人不可能是虚无和固化的存在，也不可能脱离社会而独自生存，个人以现实个体存在于社会环境中，以这样或那样的方式与他人进行着交往实践，从事着相互联系、相互合作的生产活动，不断创造新的社会关系网络。因此，社会关系构成了人存在的基本前提和发展的根本动力。伴随生产力的发展，社会关系不断更新，人的本质也历史地完善着。在这个社会中，每个人获得平等的社会地位和权利，拥有充分的经济自由、政治自由、精神自由、道德自由，可以按自我需要和个性最大限度发挥才能和力量，从事以个人为目的的劳动活动，实现个人在脑力、体力、物质需要、精神世界、社会关系等各个方面的最大发展。关于人如何实现个人价值这一问题，马克思强调人的价值是通过他所从事的创造性的改造物质世界的现实活动所体现出来的。正是在人发挥能动作用改造外在环境条件，并创造出新的劳动产品满足自身和社会需要的过程中，使自己的价值在对象化产品上获得新的体现和升华。人实践的过程就是个人价值得到体现的过程，人改造对象的活动就是价值创造活动。马克思认为，实践是人存在和发展的前提，人通过具体的实践活动塑造出有利于自身发展的条件和环境，获得实在的现实基础，才有了人的解放和自由发展以及社会历史的进步。建立在实践这一观点的基础上，马克思提出人的需要不仅源于生物本能，即生存和生活的需求，还产生于人改造和创造社会的实践活动。需要不仅是人的本性，更是人们从事各种劳动实践活动的动力，从而创造出价值产品以满足各种需要。并且人的需要具有"多样性"特点，物质、精神、心理多方面的需要构成了一个复合体，促成了人类行为实践的多样性。

马克思主义人学理论对人的基本问题以及社会关系的剖析，是马克思对原有人学理论进行批判思考的结果，从实践唯物主义的角度全方位地揭示了人在社会历史进程中的地位和作用。依据马克思主义人学理论的归旨，高校思想政治工作要紧紧围绕"人"这一核心，将大学生的成长和发展置于一切工作的中心依据，尊重大学生的主体性地位和身心成长规律，重视考察社会关系和社会环境对大学生思想和行为变化的多重影响，创造良好积极的育人环境，关注大学生的个性化发展需求，引导和服务大学生成人成才。同时，思想政治工作者也要注重在实践活动中提升自我能力素养、完善人格、满足需要，实现主客体双方的自我解放和个性发展。除此之外，思想政治工作实施主体要深刻认识到大学生群体正值成长的关键时期，具有学习、科研、实践、交友、娱乐等多方面的需要，因此要善于发挥思想政治工作的主体、环体、介体、客体要素作用，供给大学生需要的内容，促进青年大学生在道德品质、智力创造、兴趣志向、心理素质、人文素养、实践技能、自由个性全方位的成长和发展。

三、协同学理论

20世纪60年代，德国著名物理学家赫尔曼·哈肯最早在研究物理激光现象时发现了协同效应，后来在流体运动、化学钟、螺线的研究中也发现了同类原理。他发现：相互独立的激光原子当受到来自外源的激励时，就会以无规则的方式发射波，而被激光留存下来的波会变成序参数，支配每一个受刺激的新电子，并使激光电子按它的周期产生共振以发出声音，这就是协同效应。赫尔曼·哈肯在进一步研究的基础上于1977年发表了《协同学导论》，就协同学相关概念和理论进行了详细和系统的论述。他认为"协同学即协同合作之学"，包含两个主要观点：一是系统的协同效应。系统内部要素之间以非线性的方式相互制约和影响，从而激发要素之间的竞争和合作，当激励达到一定值时，系统就会在临界点产生质变，实现从无序状态到有序状态的转变；二是系统的自组织能力。协同学理论自创立起，被广泛运用到企业管理、物理设计、建筑建造、化学实验、交通治理等行业。发展到今天，已经成为航空航天、电子信息、生物医学、物流管理、政府管理、教育等领域的重要理论指导。

协同强调通过系统内部子要素的协调、合作、沟通以及系统内外部的资源整合，形成衔接有序、互动融通、协同合作、目标统一的运转系统，产生系统的叠加效应，达到效果最优。从宏观层级考量，高校思想政治工作协同育人基于若干基础元素的配合和联动构成系统集合，是一种涵盖大部分、多重要素、多个学科、多个主体的复杂工作组织形式，如果单靠高校一方必定是独木难支。这一大工程有赖于政府、高校、家庭、企业、社会组织等育人主体的参与，依靠多支点、多动力、多方位的组织行为建立合作关系，拓展教学、实践、网络、文化、管理、组织等各育人元素的功能，为大学生创造时间和空间上可持续发展的最大可能。高校通过开展思想政治工作协同培育大学生，即是要在深刻理解协同理论原理概念的前提下，运用综合性思维模式、系统论方法、整体性视角考察思想政治工作过程，将思想政治工作看作一个动态的系统，探求这一庞大系统内各大育人要素、环节、阶段的协同机理和联动规律，摸清影响要素作用发挥的控制性因素，进而采取有效措施促使各个子系统以良性互动向有序化升级，防止出现各个育人主体"各自为政"和各个环节彼此脱离的情况，促使思想政治工作系统内部形成紧密联系和有序配合，帮助整个系统在资源整合、结构优化、功能重组、系统匹配方面实现更为显著的突破，激活系统发展动力，最终真正实现思想政治工作育人效果的提升。

第二节　大数据时代高校思政工作协同育人的内涵

一、大数据时代高校思想政治工作协同育人的目标

（一）落实立德树人根本任务

立德树人是我国高等教育学校的根本使命，直接指明了高校存在和发展的依据，厘定了高校思想政治工作的应有之义，明确了一切思想政治教学与管理工作必须坚持的核心理念和导向。立德树人的对象是正处在青年时期的大学生，其政治认同、民族意识、人生观、价值观、道德观、荣辱观、文化意识均处在不稳定状态之中，并且大学生自律能力、辨别能力较弱，较容易受到不良信息误导。在当前日新月异的大数据时代，大量网络数据的庞杂交混、瞬时更新以及多元网络思潮复杂多变、风起云涌，加快了大学生意识和思想变化速度，大学生自身的主流价值观意识和理想信念极其容易动摇，从而产生价值困惑、心理焦虑、道德认知模糊等问题。

（二）促进大学生的全面发展

马克思历经无产阶级革命的长期实践和经验总结，形成了对"人"的深刻认识，提出"人的全面发展理论"，他认为应当从多重角度来审视人的全面发展问题：人处在复杂的社会环境中，需要通过多样化需求的满足、技能的提升、社会关系的稳定、个性的解放实现个人的全面发展。思想政治工作的核心和指向是人，本质上是为人的发展成长提供服务和创造条件，促进人智力、体力、品德、兴趣、才能、素质、心理、社交的均衡发展和全面成长。大数据基于数据整合、数据挖掘、关联分析、用户个性画像，洞悉隐藏在数据背后的大学生思想行为群体与个体规律，动态跟踪每一个大学生个体的学习动态和行为习惯变化并预测其发展走向，帮助教师设计针对性强、个性化强思想政治工作，实施必要干预、有效引导，最大限度激发每个大学生的内在潜能、学习兴趣，使大学生能够在思想、心理、情感、意识观念和行为各个层面发生积极变化，最终促进个人的全面发展。

（三）构建个性化育人新模式

个性化教育是尊重个体特殊个性，发掘个体潜力，培养个体独特才能，促进个体自由发展的教育理念和模式。这一理念和模式适应了大学生自身追求个性化成长的需要，也满足了多元化人才培养的社会需求，一直为我国高等教育所强调和倡导，主导了今后高校大

学生思想教育的发展方向和建设目标。人类社会从网络时代到大数据时代的进步和跃升，促进了大数据信息技术、人工智能技术、云计算技术在教育领域的应用与融合，催生了以智能、信息、网络为表征的教育新模式，这为思想政治工作的个性化、精准化发展创造了新的增长极。大数据海量、多样、高速的技术优势，能够对每个大学生个体的课堂行为、生活行为、工作行为、消费行为、阅读行为、娱乐行为、交友行为等多维数据进行实时采集、跟踪与监测，并且对全体样本数据进行即时存储、处理和深度分析，根据每个学生数据集合和海量资源的共享智能生成用户画像和可视化模型，为思想政治工作者的决策生成可供参考的建议，促使教师做出科学决策，针对个别学生的特殊需求，设计符合每个大学生"口味"的专属学习方案，推荐最适合的学习资源，并根据学习接受力和内容偏好的不同适度调整教学内容，实现"内容个性化"。

（四）满足社会主义建设需要

中国特色社会主义发展进入新时代，构成了我国社会主义经济、政治、文化、社会、生态建设新的历史方位和时代坐标。在新的时代背景下，社会主义建设既赢得了崭新的机遇，也面临着更复杂的形势、更高的要求、更艰巨的任务。社会主义的建设以意识领域的安全稳定、健全的顶层设计、科学的思想指导为前提和基础，但是网络的迅速发展和社会多种非主流意识形态的滋生，引发各式各类网络舆论思潮的飞速膨胀和蔓延，使马克思主义理论思想在意识形态领域的指导地位受到一定影响。高校应当全面认识思想政治工作的重要性和必要性，要坚定不移地细落实大学生思想教育引导工作，用大数据对思想政治工作的内容、形式、手段进行技术改造和置换，优化内容供给，改良工作载体，丰富方式方法，打造协同格局，促进马克思主义理论、社会主义主流价值、科学文化知识在青年大学生中的分众、分度、分层传播，着力培养大学生为社会主义建设奉献青春的初心和抱负，提升大学生的思想道德素质和科学文化素质，为社会主义革命、建设、改革的伟大事业推进培育优秀的后备力量。

（五）推动国家教育事业发展

当前，我国经济、政治、文化等各个领域的建设紧跟新时代的步伐，正在稳步迈入新阶段，国家一流高校、一流学科建设战略规划为我国高等教育的新发展创造了契机。在这一新形势下，高等教育作为人才培养工作的关键环节和把关阶段，应当如何因时、因势、因事改革，取得新突破、开创新局面是一个需要深刻思考和迫切需要解决的重大理论与现实问题。根据党和国家对人才建设与高等教育改革的指示，紧紧围绕人才培养中心任务，着力推动思想政治工作协同育人理念、思路、手段、载体、基层工作、评价机制的系统创新，激活思想政治工作协同系统的内生动力，推动思想政治工作与学校教书育人、科学科研、党建团建、社会服务、文化传承与创新等工作有机协同，提升思想政治工作与其他工作的协同育人效果，这将极大推动我国教育事业发展。主要体现在：其一，推进素质教育发展。目前部分高校思想政治工作中还存在着重理论与考试、轻实践与应用、信息技术手段应用不足等现象,导致一些思想政治工作者在教育教学实践过程中忽视学生的个性培养和素质教育,"素质教育"浮在空中并未落地。将大数据融入高校思想政治工作协同育人,将使思想政治教育者从大数据思维重新审视自身的育人理念和方式,围绕"学生素质教育"有意识地创新工作思维、完善管理服务、协同育人资源、设计针对性课程、提升决策科学性等,形成最优育人方案,最大化提升学生的综合素质;其二,完善人才培养体系。依托互联网络平台、大数据门户的连通机制,实现思想政治工作和其他各项教学工作、管理工作、科研工作、实践工作、宣传工作、党建工作、贫困助学工作的融合和衔接,共建、共享大数据思政工作协同网络,将有利于打造课程、科研、实践、文化、网络、心理、管理、服务、资助、组织等多种育人要素组成的全方位、多环节、链条式的育人网络,完善高等教育复合型人才培养体系;其三,提升教育现代化水平。在大数据的支撑下,赋予思想政治工作以技术活力,旨在加快思想政治工作从网络思政到精准思政、智慧思政的内在创新,推动协同育人信息化实践深入发展,建构集学生知识教育、能力培养、素质提升、价值引领、道德塑造为一体的现代化新型育人模式,提升育人质量,加速高等教育肌体式改革、内涵式发展、系统性创新,提高教育现代化发展速度和水平。

二、大数据时代高校思想政治工作协同育人的原则

(一)方向性原则

思想政治工作是一项带有鲜明意识形态属性的价值观念传播活动,必须旗帜鲜明地坚持正确的政治方向。我国思想政治工作具有为社会主义服务的性质,且协同育人育的是社会主义人才,因此必须坚持社会主义方向。首先,要坚持社会主义的指导思想。高校思想政治工作一切决策的制定与实施、一切教育实践的开展与改进,都必须高举社会主义伟大旗帜,以无产阶级意识形态理论和思想成果作为工作的重要指南,将马克思主义及其中国化理论成果作为当前高校人才培养工作的科学指导,坚决落实好为社会主义办学服务的要求;其次,实现社会主义的目标。思想政治工作要围绕社会主义现代化的伟大建设目标,牢牢把握党在社会主义初级阶段的路线、方针、纲领,为社会主义的长远发展提供思想保证和造就后备力量,培育一代代合格乃至优秀的建设者和接班人,鼓励他们用实干服务社会主义建设,接力实现在 2017 年 10 月 18 日,习近平在中国共产党第十九次全国代表大会上的报告《决胜全面建成小康社会夺取新时代中国特色社会主义伟大胜利》中谈到"两个一百年"奋斗目标,最终实现共产主义;最后,要突出社会主义的特色。在思想政治工作内容设计、方法运用、具体实施、评价反馈等环节中突出社会主义特色,善于运用马克思主义的世界观和方法论对大学生进行世界观、人生观、价值观、道德观、文化观、民族观、政治观教育,引导当代大学生认同和树立共产主义远大理想以及中国特色社会主义共同理想,将国家政策方针、重大发展战略、建设目标研究好、宣传好,强化大学生的爱国

主义、爱社会主义、爱党意识，以社会主义的科学理论和思想体系引领大学生的思想认知和价值形成，规范其行为实践。

（二）人本性原则

大数据为思想政治工作赋能，价值旨归在于"人"，关键在于用算法和机器挖掘数据隐藏的各种衍生价值和潜在价值，为思想政治工作服务，为人的各项成长需求助力。坚持"以人为本"，把人本性确立为基本原则不仅是发挥大数据技术价值理性的应有之义，更是凸显思想政治工作协同育人本质的实然之举。这首先体现在工作理念上尊重大学生的主体地位。思想政治工作的实施主体应当将大学生作为一切教育行动的出发点和落脚点，将大学生成长的内在规律和发展需求作为实施教育改造的依据，在育人价值目的上、思想观念上、方法手段上、机制制度上坚持人本位取向，体现人性化特色，主动关心、爱护、帮助大学生，解决个人世界观、价值观、人生观方面的疑惑，在思想政治工作的过程中尊重教育对象的自主权和选择权，注重挖掘大学生的独立性、主动性、积极性、创造性，丰富大学生自由个性的内涵，彰显大学生的主体人格。其次，工作要着眼于大学生的需求。大学生的需求满足是大数据思想政治工作的重要驱动，也是目的之一。注重从数据挖掘、数据跨界、数据碰撞中，研究大学生的需求变化规律特点，以使教育主体对学生内在需求做到精准的理解、预判、供给，从多种渠道、用多种方式发挥各大育人要素的集成效应，满足大学生物质层面、精神享受、人格层面、社会尊重、交友学习、自我实现层面等多元需求，引导受教育者自我调节、自我教育、自我完善，使大学生的知识、情感、意志、品质、个性的潜能都能得到发挥。最后，在工作方法途径上要彰显情感温度。传统的说教、灌输不仅缺乏情感温度，还大大降低了思想政治教育效果，引起学生的排斥和反感。运用大数据分析真正直观透视大学生的内心世界，了解学生生活学习实际，使教育者有意识地将生硬呆板的理论条文转化为鲜活的图片、动画、表情、视频以迎合青年大学生的偏好，鼓励学生通过各类方式亲身体验、用心感悟、发展个性，协同其他力量参与共同建构家庭、社会、高校"三位一体"育人格局，用家人的关爱、社会的温暖、师长的引导感动、感染大学生，使思想政治工作的主体与大学生心心相容、情意共通，真正用情感育人、情感化人、情感成人。

（三）个性化原则

大数据推动着思想政治教育向可量化、可视化、实证性和精准化的方向发展，为个体的个性化追求提供了从理想构图向现实转向的可能性，让思想政治工作者能够更精准地发现大学生的个性专长，因材施教，精准调适，设计有针对性的教育计划。首先体现在教育内容的精准性。利用大数据技术中的开放性、个性化、互动性、可选择性的特点，建立自主学习倾向"云课堂"，采集学生学习结果和方式大数据，以数据建模和用户画像直观透视群体学生共性学习规律和个体特征，并对大学生需求变化实时精准跟踪和科学预测，将其中有价值的信息反馈给教育者，让教育者清楚了解受教育者的个人学习情况，按照大学生差异化的学习路径建设智慧学习路网，深化思想政治教育供给侧改革，供给学生个体专门化、针对性的教育内容，提升思想政治工作效果。这样，大数据在思想政治工作协同育人中的应用不仅在扁平方向实现了对教育对象目标样本的全覆盖，而且能够在大学生个体的纵深发展上实现精准化的挖掘，使思想政治工作的内容供给合学生之需，应学生之求。其次体现在教育方法的差异化。思想政治工作为了贯彻和实现特定目标在实践中须借助一定的方法，传统"千人一面"式工作方法固化了思想政治工作育人模式，教授内容与学生需要的适应性不足，反倒形成对教育对象的成长禁锢。

（四）时代性原则

时代性原则是指高校思想政治工作协同育人要反映时代变化、契合时代背景、紧跟时代潮流、适应时代形势，根据时代和社会的发展而不断做出调适和改变，与当下的现实环境和社会氛围相融合。思想政治工作协同育人的时代性首先体现在对时代背景的契合。大数据时代构成了当下最鲜明的时代背景，并且伴随大数据、云计算、人工智能技术的迭代升级，大数据时代正在向更高级的阶段过渡和转化，出现了智能化的形态发展趋向。推进思想政治工作协同育人发展应当正确认识大数据时代的必然性和重要性，以大数据时代为重要遵循，抓住大数据时代这一难得的发展机遇，科学、合理、谨慎运用大数据创新、改造方法手段，体现工作的时代感。其次体现在对时代问题的把握。大数据时代的思想政治工作协同育人要紧紧围绕"立德树人"大任和培育时代新人的重大使命，结合新时代背景下出现的新变化、新要求，精准把握当前高校育人过程中在主体、观念、机制、载体、效果方面的存在的新问题、新矛盾，进而施以有效措施进行破解。最后，思想政治工作协同育人的时代性体现在对前沿技术的追踪。步入大数据时代，大学生的一举一动乃至思考想象皆以数据呈现，数字化表征揭示了大学生的真实自我，教育主体基于因果关系考量和经验直觉而形成的教育决策可能并不具有相当的可靠性。大数据超算、大存储、云计算、深度学习实现了大数据思政工作的技术突破，不仅驱动思想政治工作内在机理对容错思维、全样思维和相关思维一定程度的认同性接纳，更在研究视阈、信息化分析方法、智慧化育人载体、一体化服务平台、科学化反馈与评价机制等方面变革思想政治工作，从内里和外显双重维度建构大数据思政新模式，重视网络育人、数据育人，以思维和技术的同步创新增强高校思想政治工作时代性、生命力、感染力，提升高校协同育人的精准性、人文性、实效性。

（五）科学性原则

在遵循思想政治工作一般规律的基础上，运用大数据和协同领域的理论和方法对过程中出现的问题进行思考、分析和解决，援引科学结论，以此凸显思想政治工作科学内涵和科学价值，是大数据时代高校思想政治工作协同育人的基本指向，其科学性主要体现在对"三大规律"的遵循。首先遵循思想政治工作规律。思想政治工作协同育人要坚持社会主义办学方向，以党的坚强领导作为有力保证，围绕立德树人任务，加强理想信念教育，用马克思主义的科学世界观和方法论引导教育大学生，用中国特色社会主义理论体系铸魂育人，提升大学生的理论自信。高校不仅是传播科学知识的高地，更是育人的摇篮，其第一层次的任务是教书，更高层次的目标则是育人。高校思想政治工作要用好课堂教学主渠道，深耕思想政治理论课，其他各门课程要"守好渠""种好田"，形成协同效应，促进教书与育人协同一体，做好知识传授与思想培育、价值引领、品德塑造的统一。

（六）系统性原则

高校思想政治工作协同育人是一个由多个主体、多门课程、多项制度、多种资源、多元载体共同融入按照特定的方式和规律组成并运行的复杂系统。要实现系统效能最优化，必须基于系统观念、系统思维考察对象，以系统的方法分析和处理矛盾，站在全局，考虑整体。首先体现在树立系统思维和全局观念。把思想政治工作协同育人看成是一个系统工程和有机整体，把其中涉及的思想政治工作主体、对象、信息、载体、制度、平台等各个要素看作组成系统不可缺少的独立部分。在开展思想政治工作的过程中，要以协同育人全局观念作为指导，从全局和整体上分析问题、考量问题、解决问题，着眼于思想政治工作的整体效果和整体发展，从政治上、组织上、思想上、技术上统筹兼顾。其次要协调好要素之间的关系。协同育人涵盖多个要素和部分，这些要素和部分关系着系统功能的实现、效益的集合以及系统发展。思想政治工作应当统筹协调好育人系统中主体、客体、环体、介体之间的比例关系，使教师、大学生、家长、大数据技术平台、思想政治教育信息、思想政治教育环境之间能达到结构上的平衡，从而按照适度的比例关系共生共存，使思想政治工作组织、课程体系、运行机制、管理制度、政工队伍要素的整合能够形成彼此合作、平衡、依存的科学模式，尤其各门课程要基于本门课程的性质和任务，合理规划各门课程在教学内容上的侧重点，凸显内容的专业性和思想教育性，促成教学合力，提升系统效益。最后，协调好部分与整体之间的关系。思想政治工作协同育人的每个要素和环节都是构成系统的关键部分，任何一部分的缺失和欠佳都会影响系统的发展，系统的推进也会带动每部分的发展。因此，思想政治工作平衡好部分与整体之间的关系，依据特定环境和条件构建整体与部分制约、依存的协调关系，既要发展要素，也要致力于整体最优，使高校思想政治工作稳步向前发展。

三、大数据时代高校思想政治工作协同育人的特征

（一）主体的多元性

"全员育人"是党中央对新形势下高校思想政治工作育人机制新探索提出的重要思路，是加快形成协同育人格局的重要一环，它是指不同思想政治工作主体基于一致目标协同塑造大学生价值信念、引导大学生政治培育、疏导大学生心理隐忧、铺垫大学生成才之路、供给大学生情感关怀，促进大学生的成长进步。承担思想政治工作组织、发动、实施和监

督等功能与义务的人，构成了思想政治工作活动的主要能动性因素，其中包括专职教师、学生工作队伍、党团组织、家庭、企业、社会等多个主体。教师是开展思想政治工作的主要队伍，是协同育人的主体力量，承担着课程育人的主要职责。高校各门课程都具有育人功能，每一位教师都负有育人使命和职责。不管是思想政治理论课教师还是专业课教师，人文社科教师还是理工科教师，都负有学生思想政治工作的重要责任，应当将学生的思想道德教育融入课程学习、科研训练、职业指导等任务中，通过不同形式和多元化的内容对大学生施加影响，要在大学生的政治观、文化观、价值观和思想认知层面留下深刻印记。学生工作队伍作为学生日常生活和学习管理工作的组织、实施与监督者，也承担着学生思想行为教育的职责。学工队伍主要包括辅导员教师、学校管理部门教师，这些教师通过党建团建、主题教育活动、心理辅导、生活管理，真心关切、关心、爱护学生，帮助解决学生在成长过程中的疑惑和难题，做学生情感生活的知心人和成长进步的引路人。

（二）对象的复杂性

思想政治工作协同育人的直接对象是"人"，是正处在成长关键期和思想敏感期的大学生，他们思维活跃、行为多样、辨别意识能力较差，对于人生价值和外在世界的认知尚未定型，在思想和行为层面都呈现出极高的复杂性。思想政治工作对象复杂性体现在两个方面，一方面是大学生的思想和行为变化快。高校大学生处在刚刚成年、青春懵懂的年龄阶段，其思想价值观、人生观、世界观都处于不稳定状态，其心理想法、思想倾向以及行为选择都极易受外界环境的影响而产生改变。大学生本就对新生事物具有强烈好奇心和求知欲，在外界新潮事物的诱惑和冲击下，思想、心理和行为变化速度极快，致使思想政治工作者很难把握教育对象思想行为发展的确定性规律，也就难以精准定位施策的着力点。另一方面，对象复杂性还体现在大学生思想和行为的矛盾突出。伴随社会主义改革的深入和网络应用的全球普及，社会环境和社会舆论变得更加复杂多变，一些错误思潮和信息舆论迷惑了不少大学生，使他们对正确价值观的群体认同和内在认同有所削弱，这就导致大学生群体中出现理性思考和关注现实的意识弱化、政治信仰模糊、民族认同降低、疏离传统道德甚至仇视社会、心态浮躁等问题。

（三）方法的精准性

大数据时代，师生思想和行为以及思想政治工作的内容、方法、效果皆数据化了，数据被广泛应用于高校教育的各个领域，使思想政治工作的方法实现了向非线性、信息化、精准化转变。大数据以采集、存储、分析和应用等环节构建一体化链条，其中大数据采集、分析、应用是实现大数据价值转化的核心步骤，也是体现大数据方法精准化的重要环节。大数据分析建立在统计学原理基础和机械学习技术支撑下，通过算法编程预先设计数据分析方式，从而实现数据的自主记忆与识别、智能分类与存储、超级运算、深度分析，刻画每个学生相关性动态轨迹并输出形成共性词条，从庞杂的数据中分析出大学生的行为偏好和习惯、学情考情、就业偏好、心理意向、犯罪动向，构建具象化、可视化学生用户画像、模型、图表。同时大数据可以监测高校舆情危机，分析舆情产生源头，科学研判其演变动态，及时启动预防和应急处理机制。大数据应用是数据发声、创造价值的过程，这一过程体现在大数据结合不同的环境和目的，告诉教育者什么样的决策是科学的，如何实施才能降低教学管理过程中的风险和成本。对于学生而言，大数据为每个学生生成个性化、精准化成长方案，提升学习推送精准度，使思想政治工作内容精准对接大学生的情感需要、价值需要、心理需要、学习需要。

（四）资源的共享性

大数据是一种资源，也是一种价值，只有推动资源开放共享，才能释放价值倍数效应。大数据时代高校思想政治工作资源具有共享性特征，体现在资源的跨群体、时间、空间的流动、传输、共用。其一，资源的跨群体共享。高校思想政治工作要实现协同育人必然要打破高校与其他主体之间的壁垒，依托网络建立沟通渠道和开放的大数据交流平台，这些渠道和平台在扩大高校思想政治工作协同育人资源来源、提升资源配置效率和服务水平的同时也成为"联系主客体的一种物质形式"，促使不同主体在数据这一载体的连接下结成相互关系，加速师生之间、各学院和部门之间、高校与家长、社会组织、政府部门、企业之间的信息交流、数据分享、跨界合作步伐，打破数据垄断，使数据资源在不同群体之间的流动过程中，其价值被充分发掘和精准运用，从而为高校思想政治工作服务；其二，资源的跨时域共享。大数据时代每个大学生的学习行为、消费行为、社交行为、运动行为皆以数据形式爆炸式叠加、增长，形成思想政治工作数据资源，这些资源依托手机、平板、校园网站、微博、微信、QQ等多种介质组建的庞大传输网络，实现即时传输、分享、获取，彻底改变了传统教育时代下思想政治工作资源共享不及时的弊端，使高校思想政治工作者可以在第一时间获取最新信息，从而及时调整教育决策和方案；其三，资源的跨区域共享。数据驱动的资源共享平台成为高校思想政治工作协同育人的重要基础设施，这一平台基于区域精准定位、自主整合区域内的有效资源，打破空间物理条件对数据流通和共享限制，突破区域壁垒，形成开放、互联、共通的网络空间环境，促进区域内的课程、科研、实践、文化、网络、心理、管理、服务、资助、组织资源融合、有机一体，推动育人主体共建、共享数据信息网络，发挥出大数据信息资源多重效益和价值，融合多种教育力量，完善协同育人模式。

（五）机制的互通性

机制是指系统内部机理和相互作用、对话交流的关系，是系统内部结构优化和功能发挥的关键性要素。互联网背景下的大数据具有整体性、开放性、互动性，连接了万物互联的世界，打破了思想政治工作系统的孤立封闭，加之思想政治工作协同育人机制的建立，连接起了主体之间、线上线下、课上课下的整体网络和层级体系，形成相互贯通的思想政治工作教育链，使校内各部门和各育人主体实现即时性的信息获取、传递、交换，缩短了认知事物的时空距离，实现各个方面的工作同步进行；更密切了协同育人系统要素的内部关系，避免形成"分力"和"壁垒"，真正形成协同效应。协同育人机制包括管理机制、工作机制、激励机制、保障机制。管理机制主要对思想政治工作协同育人的组织领导、规划决策、实施环节、反馈总结等环节进行科学性的指导和规范性的约束，确保育人内容和手段实施既符合党和国家的要求，更适应学生接受能力水平。工作机制是协同育人主体工作衔接流程和协同育人任务实施的制度化方法和规范要求，确保思想政治工作各个环节有序进行、衔接顺畅、目标协同，实现思想政治工作知识传授、价值引领和能力培养的有机统一。激励机制为高校思想政治工作协同育人提供科学导向和积极动力，运用物质、精神或其他激励形式激发教师育人的主动性，培养学生积极向上的内在动力。保障机制为高校思想政治工作协同育人真正落细落实提供物质保障，是高校育人必不可少的基础之一。

（六）路径的聚合性

聚合是指单个的事物或元素以某种方式从离散到集中状态转变的过程，而高校思想政治工作协同育人的路径运作即是校内校外、线上线下各项育人要素以大学生为核心通过协同方式实现作用力聚合的过程。大数据背景下，高校积极推动人才培养工作与技术接轨，改变了物理技术支撑下的思想政治工作信息传播、资源获取、人际合作的机制和方式，即改变了高校育人的路径。对于大学生个体而言，需要接触多个客体对象，如教师、家长、社会人员等，接收来自多方面的信息资源，以掌握个体成长所必需的多个学科门类的知识技能素养，从而获得全面发展。然而，教师、家庭、社会、企业等主体地理位置布局的分散性以及思维的封闭性却制约了协同育人模式的形成。

四、大数据时代高校思想政治工作协同育人的价值

（一）提高思想政治工作资源的共享性

大数据和互联网以其技术的耦合共同创设了一个信息瞬时流动、共享的虚实交互空间，在意义和价值的建构中，体现了一个自由交流、众人奉献、共同参与的过程。不仅如此，大数据提供内驱动力、基础设施、技术服务等，推动高校思想政治工作协同育人资源共享体系的完善，提高资源共享性。其一，有利于完善资源共享载体。大数据时代高校思想政治工作协同育人建设要求推动了相关网络技术载体的开发与应用，加速了大数据、微媒体、云计算、人工智能等信息科学技术与育人工作的融合，一系列新媒体、新技术营造了思想政治工作信息传播的良好生态，为教师和大学生的知识获取、信息搜集、互动交流提供了平台，也为思想政治工作资源共享供给了多元化载体；其二，有利于加速资源共享过程。大数据时代教学资源的跨群体、时间、空间分享，创造了资源共享的加速度。高校通过建构以智慧校园、学生信息门户、教务等为一体的服务系统，对学生个人基本信息、学习信息、生活信息、思想和心理信息、毕业信息、就业信息实施一体化采集、整合、管

理。同时利用校内网络平台建立招生、就业、教学、学工、后勤保障等部门之间、学校和学院之间、各二级学院之间的资源服务关系，能够加快资源在思想政治工作过程中的共建共享过程，扩大数据资源被高校思想政治工作主体获取、选择、应用的速度和效率，推动思想政治工作主体之间达成业务配合。其三，有利于提升资源共享价值。思想政治工作数据资源在被应用前，按照内部特定程序和有序结构进行清洗筛选、分类重组、管理扩展，然后安全存储在不同序列和类型的数据库，被确立为价值性资源。

（二）强化思想政治工作服务的针对性

传统模式下的高校思想政治工作囿于信息工具以及采集、记录、存储、流通技术的限制，思想政治工作只能依托于课堂出勤、作业考试、局部调查、随机采样、个别访谈等方式反馈出学生存在的思想问题，从而提供相应服务。但是一些"表面现象"和教师的主观臆断导致部分高校思想政治工作方法走向了模式化，其供给的内容缺乏针对性和吸引力，弱化了思想政治工作服务能力。服务针对性对于大学生个性成长具有关键作用，是展示高校思想政治工作协同育人能力的窗口。因此，应当在协同育人理念、方法、路径、细节、效果评判等环节体现出针对性，针对个别群体、个别问题、个别需求供给服务。首先，大数据精准研判学生需求，提供针对性服务内容。大数据"样本＝总体"的数据模式能够使思想政治工作数据样本从个体转变为全体，数据规模从小部分转变为海量，数据类型从一方面转变为全方面、多层次，创造了高校思想政治工作全体样本和所有数据的量化分析方式，透过大学生学、吃、穿、住、行多维数据的挖掘、分析、清洗、建模，发掘信息数据背后的隐藏信息，剖析学生的特殊需求和个性差异，精确定位大学生的需求层次，预测大学生思想和行为动向，有针对性地为不同大学生提供思想引导、政治教育、心理疏导、情感感化等服务，满足学生在成长发展过程中的需要和期待；其次，大数据敏锐感知大学生思想行为问题，提供针对性对策。大数据系统掌握样本全部数据，能够研判大学生对象的一般性发展规律和动态曲线，一旦出现细微"差错"，便立即启动危险预警机制，快速诊断学生在思想、心理、身体、行为方面可能出现的异常问题，帮助思想政治工作育人主体深入了解学生疑惑困惑，主动关心学生内心真实想法，提供人性、温暖、个性的关怀引导服务，帮助大学生解决困惑难题；最后，大数据真实评价育人效果，提供针对性改进方案。思想政治工作大数据评价基于数据化多维评判标准，科学、客观评价育人效果，检视思想政治工作存在问题，将思想政治工作效果评判从经验式、主观式总结转向技术驱动下的客观反馈，从细微数据深入剖视大学生思想教育问题的根源，自主建构有针对性的改进方案，进而提高大学生对思想政治工作服务的满意度。

（三）增强思想政治工作育人的实效性

"浇花浇根，育人育心"，思想政治工作如何能够深入大学生的内心，育好大学生，这是叩响大数据时代高校思想政治工作协同育人的关键之问。大数据时代下，数据科学在高校思想政治工作教学、实践、管理、服务、资助、文化等领域的功能应用，有利于加快构建全员、全过程、全方位育人网络，打造技术生态下大数据智慧协同育人新模式，切实增强育人实效。首先，大数据有利于定制个性培养计划。依托智慧校园、师生信息门户、学生工作大数据平台对学生数据的采集分析，绘制大学生个人和群体"画像"，为大学生定制精准资助、学业预警、成长推荐、毕业分析等多维学习菜单，并根据数据实时更新情况及时调整培养计划，同时为教师提供学生培养工作的多维度参考建议，帮助其完善教学内容和改进教学活动。其次，大数据助推"隐性资助"。大数据"一站式"信息系统从学生一卡通消费、图书馆进出、在外兼职、勤工助学、恩格尔系数等数据指标的清晰量化中"见微知著"，精准识别家庭贫困生源，分析其贫困原因，根据其困难情况给予其生活补助、助学金资助甚至减免学费书费等帮助，提供勤工助学、助管、助教、助研岗位，做到应助尽助，形成大数据思政资助育人体系。最后，大数据转教学模式"漫灌"为"滴灌"。

（四）提升高校学科发展的协调性

思想政治理论课侧重于对理论知识的阐释与传播，是学生思想道德培育和价值观塑造的主渠道，其他各门课程也都负有立德树人的使命和责任。大数据下高校思想政治工作协同育人要求不仅要发挥思想政治理论课的第一课程作用，更要深挖哲学社会课程、心理教育课程、通识课程、专业课程、艺术课程、信息技术课程中蕴含的思政元素，发挥其在大学生思想道德教育方面的作用，使其他各门课程和思想政治理论课同频共振、同向同行，这样才能有效推进其他课程与思政课在价值功能上的协同，促进学科之间的协调发展。长期以来，部分高校还存在重理轻文的现象，学科建设发展规划过于强调专业特色，注重培养大学生的专业理论素养和实践技能，却忽视了本学科的德育感化、人格塑造作用。强化高校思想政治工作协同育人，推进课程思政建设，秉承"课程承载思政"和"思政寓于课程"的理念，针对"立德树人"人才培养目标和学生思想行为规律完善学科培养方案、结构设计、课程体系、内容编排、授课计划、教学方法，有意识嵌入思想道德教育要素，让公共通识课程和其他专业课程教育体现出"思政味"，增强其他哲学社会学科、管理学科、艺术学科、理工学科的育人内涵。在"课程思政"要求下，高校进一步形成科学的学科发展理念，着重在优势打造、实践项目、科研立项、资源配置、人才培养方面更好与大学生思想政治教育任务衔接，用学科专业理论丰富大学生知识储备的同时，又发挥课程的德育价值，促进学科专业性与思想性、理论性和实践性、知识性和价值性、特色性和大众性发展的统一，能够提升专业学科对大学生人生观、价值观、政治观、道德观、文化观的引领力，实现学科知识教授与价值培育、思想引领的同频共振，推进思政课与其他各类课程交叉融合、有机互动、共同发展，提升高校学科发展的协调性，打造多学科、多层次、立体式协同教学体系，形成课程思政的育人合力。

第三节 大数据时代高校思政工作协同育人的对策

一、树立多维融合的协同育人理念

（一）树立"立德树人"理念

立社会主义之德、树社会主义建设需要之人，是高校思想政治工作协同育人在大数据时代下的价值诉求和实践归宿。坚持"立德树人"理念是工作实践之应然和必然。首先，要突出"以德育人"理念。品德培育是人才培养的重中之重，是彰显思想政治工作协同育人成效的首要要素。高校教师主体要深刻领会大学生思想道德品质培育于个人成长、社会发展、文化传承乃至民族复兴的重要意义，始终坚持育人先育德、成人先成德，树立"立德树人"责任意识、担当意识、主体意识，在思想政治理论教育、专业知识教育、社会实践教育、学生管理、资助服务等课程体系和环节贯穿德育教育，要根据大数据反馈的对象文化背景、知识存量、社会阅历差异，针对性开展社会、职业、家庭、个人层面道德素质理论教育和行为指引。其次，要强化"以文育人"理念。以文育人构成了大数据时代思想政治工作协同育人的学理逻辑和实践向度之一，要求思想政治工作者把握传统文化、革命文化、时代文化创造、发展、沉淀、融合、演变、传承的历史规律，将文化元素与现代科技融合，运用网络图像、表情、VR、AR等形式创新性呈现文艺文化艺术，为高校思想政治工作协同育人素材输入新鲜血液。学校要多举办网络文化艺术节、网络文化知识竞答、征文比赛等文化活动，传承教风、校风、家风文化韵味，营造匠人匠心的网络、校园、社会、家庭文化氛围，见微知著、由外而内、潜移默化的路径教育感化大学生思想、滋养其心灵、浸润其品性，用文化所蕴含的独特民族情怀、价值理念、精神品格、处事智慧、人格素养、时代意蕴铸魂育人。最后，坚持"全面育人"理念。培育全面人才，植根于马克思主义终极价值追求，构成了思想政治工作"树人"的核心旨趣。促进工作对象的全面发展，要以"全面育人"观念为逻辑起点，树立"全面育人"大格局观，深耕立德树人沃野，一方面要通过完善工作内容，促进专业知识、技能方法、道德文化、价值观、意识思维、情感人格、心理素质、体能素质、行为规范等的育人内容协同，构建"大思政"内容体系。另一方面更要优化方式方法、载体、技术、制度、人员、环境、对象等协同育人内部要素的结构性关系，充分挖掘文化、数据、制度、组织、管理、服务、网络等要素价值，发挥各大要素在不同层面对大学生的引导力、影响力、塑造力。

（二）树立"全员、全程、全方位育人"理念

大数据时代下，坚持"全员、全方位、全过程育人"理念在于遵循思想政治工作协同育人规律，打破传统基于高校教师与学生之间的孤立的单维教育链条，形成由政府、高校、家庭、社会等多个主体共同建构的形式上各自独立，但在机制上又相互关联、交互的育人场域，利用育人场域内多个成员主体、多种育人资源、多重育人空间的能动性作用协同运转、相互配合，形成思想政治工作合力。首先，坚持全员育人理念。校内教职工、家庭成员、政府官员、社会组织都负有大学生成长成才引路人的责任，是"全员育人"系统的子要素。"全员育人"理念视阈下，要以系统思维和整体视角考察高校思想政治工作，把政府、高校、家庭、校友、企业、社会组织等一个个独立的集群看作是子系统，子系统之间依托大网络、数据流、连接键，连同周围的空间、时间、介体、信息共同构成开放、包容、联动的思想政治工作有机体，营造校家、校政、校企、校社等互联共通"大政工"实践格局，要素之间基于交叉、互动、共话、协同、合作关系实现组合优化和效果集成。其次，坚持全程育人理念。"全程育人"理念视阈下，思想政治工作基于大学生成长这一主要线索在时间上保持一个长期的持续过程，其工作主体根据大学生在不同成长阶段的学习需求、思想特点、社会心理，采取不同的工作方案，将思想政治工作贯穿于大学生成长的每一个阶段和过程。高校要抓准大学生从进校到毕业、从在校到假期、从上课到周末等等时间转接节点，利用大数据全天候、全时段追踪大学生思想行为变化，采取课上与日常、显性与隐性、正式与非正式教育有机结合的实践育人方案，强化大学生政治、思想、品德素质的全方面培育。最后，坚持全方位育人理念。"全方位育人"理念视阈下，高校要以空间中存在一切工具、形式、方法、手段为中间载体，赋予各个中间载体以关联关系，将思想政治工作融入大学生校园生活的方方面面。

（三）树立"以人为本"理念

高校思想政治工作协同育人活动的最终目的是使对象形成符合国家建设和社会角色要求的优秀道德品质、正确价值观念。人构成了思想政治工作的主体，也是受体，树立"以人为本"理念。其一，要树立尊重大学生成长规律的理念。思想政治工作是社会领域、教育领域存在的现实活动，其运行必然要遵循其一般规律和特殊规律。思想政治工作的直接和主要对象是大学生，遵循学生成长规律是基于思想政治工作是由人的自主能动行为构成的实践活动这一特性而确立的根本前提。高校教师要从大数据中清晰直观地探析大学生一般性成长特征和阶段性特殊表现，分析意识与行为、心理与情感、环境与人、群体与个体的相互影响机理、本质规律和抽象联系，从其复杂的关联中缕出大学生心理行为的变化规律与特点，以大学生现代化培养价值取向作为工作定位，在内容供给、工作方法手段、课程体系搭建适应学生个体生命特质，落细落实以学生为本的育人理念。其次，强化差异化思维。大数据的成熟应用以及云计算、人工智能的突破性进展使"差异化"教育真正从理念倡导变成了现实实践。高校要强化思想政治工作协同育人主体差异化思维，引导他们主动运用大数据科学记录不同个体学习行为数据，可视化、动态化呈现每个学生不同的知识

结构、学习生活轨迹、性格表征，关注大学生的独特个性和特殊需求，以针对性、个性化、差异化的教育模式分类、分层、分个体提供服务，突出内容、资源、过程、效果的差异化特征。最后，要强化人文关怀。大学生既有生活、学习、交友、娱乐的基本需要，也有被理解、尊重、认同、信任、价值创造的人生追求。在高校的思想政治工作协同育人中彰显"以人为本"理念，要突出对大学生的人文关怀，要求育人主体树立"社会"与"个人"双重价值有机统一的理性思维，强调人的主体地位和价值实现，在理念、目标、内容、形式上将人的现代化发展作为归旨，彰显解放人、发展人、服务人的"思维归属"，内容设计上更加关注大学生个体发展、享受、情感、心理、意志、信念等方面的需要，在工作方式上体现艺术化、人文化、细腻化，用释疑解惑、当面疏导、同辈陪伴、文艺感化、心灵互动、换位思考、网络育人等方式，让思想政治工作抵达大学生内心，引导大学生在价值理念、知识探寻、人生目标、信仰追求上实现自我发展、自我完善、自我超越。

二、建设多员参与的协同育人队伍

（一）建设引导有力的领导队伍

高校党政、共青团领导队伍是思想政治工作协同育人的首要责任人，既要掌舵定向、谋篇全局，又要统筹各方、抓好落实。领导干部自身要明确形势、认识要求、科学定位，不断新观念、强能力、深理论，增强"立德树人"内在动力，确保高校思想政治工作凝聚大数据时代育人合力。首先，领导队伍要培植决策互动思维。在大数据与思想政治教育融合生态下，高校要厚植思想政治工作领导队伍大数据决策的思维模式和转换技能，借大数据全体思维、关联思维加强决策互动性，援引大数据资源网络构建多部门领导参与、审议共商、意见融通、共识共建的大数据决策机制，强化横向部门职能协同、纵向校院两级领导衔接的关系，促成高校思想政治工作决策的主体互动、知识互动、思维互动、时间互动、场所互动、媒介互动，协同运用数据建模、精准图示厘清育人问题、任务、责任、细节清单，并精细布局、分类定制决策实行方案；其次，领导群体要塑造党政协同智慧。大数据时代下，高校党政协同有利于优化思想政治工作领导系统的内部关系、组织结构和工作模式。因此，领导自身要树立主动协同的智慧思维，有机统一党委领导与校长主管两位一体关系，协同部署思想政治工作与学校中心任务，针对学校教学、科研、德育、文创、学科建设、师生管理等中心工作，要有利运用学校官网思政主页、三微一端、微信小程序等介质共建党政协同云平台，便捷党政两大主体共同探索、研究、商讨渠道，以导带行，以行促导，让校长在党领导下展开工作，又以行政部门的工作反馈改进领导建设，加速实现思想政治工作智慧的聚合和乘数效应，激活党政干部"群体智慧""协同智慧"，形成党委统一领导下，党政齐抓共管的领导协同大格局。最后，领导队伍要树立"受众思维"。高校协同育人的对象和受众是大学生，大学生的需求以及变化成为影响思想政治工作改进的重要因素。

（二）建设协调配合的教师队伍

办好思想政治理论课关键在教师，构建大数据时代高校思想政治工作协同育人格局关键在主体协同。不同学科、岗位、阶段、层级的教师基于内部机制和结构实现横向对接、纵向联动，使主体协作从无序向有序、从个体向团队转变，共同创造服务合力。建设协同配合的教师育人队伍，需要把握好各个变量的关系，其中思想政治理论课教师是主要主体，其他教师是次要主体。首先，把握好思政课教师与专业课教师的协同。思政课教师与专业课教师同是教书育人的"导师"，思政课教师主导大学生思想理论认知，专业课教师主导大学生专业认知，同担思想价值引领之责。思政课教师和辅导员工作性质相似、职责相通、目的相同，是学生思想教育工作的骨干队伍。因此，高校要善用大数据一体化平台、信息化手段、新媒体网络为两大主体通力协作打通渠道、创造条件，优化两大队伍组合的关联性方式，加强两大队伍的功能性互动，既要便捷思政课教师实时掌握学生的行为和思想动态及诉求，也要提升辅导员的马克思主义理论素养，强化思想政治理论课课程育人的理论深度与提升日常管理育人、服务育人的温度同向同行，实现双主体育人力量同频共振，引导思想政治工作纵深化发展；最后，思政课教师与其他教师的协同。

（三）建设协同互助的校外队伍

高校思想政治工作协同育人具有社会性、开放性、整体性，其创建、发展、改革既有内部动力的驱动，也有外部社会环境、经济转型、国际形势的影响。协同校外力量合力共为，是互联网时代思想政治工作转型时之大潮，也是开拓良好外部空间之必然。基于大格局、宽视野，组建以高校为主导，覆盖校内领导、教师、家庭、政府、企业、社会组织、科研机构等群体的"大思政协同体"智囊团，有利于优化思想政治工作内部与外部结构关系、系统组成、运行模式，促进校内队伍与校外队伍相互衔接、补充、融合，整合资源力量，挖掘家庭教育、社会教育的育人功能，形成育人合力。首先，构建家校协同育人队伍。家庭教育作为兼具双重属性的一种行为实践，既具有尊重人的天性成长的自然属性，也有引导人的行为符合角色规范的社会属性。家庭成员之间具有特殊的、独有的黏合方式和情感联系，能够基于亲情感化、言传身教、心灵沟通、生活互动、角色配合等方式，强化大学生的家风家训、亲情观念、敬老爱小、邻里关系、人生挫折、人格、性格、习惯教育。大数据时代构建家校协同育人队伍，要善用、多用融媒体、大数据交流、云计算传导技术，建设"家校微信群""网络家庭教育学校""网络家访""线上理论宣讲""远程互动"等家庭育人体系，构建信息化、网络化、数据化家庭思想政治工作系统，促进学校与家庭基于空间交叉、时间承接实现同步共育、合力育人，构筑家校网络思想政治工作命运共同体。其次，构建校企协同育人队伍。发挥企业在高校思想政治工作链中的育人效用，是践行高校实践育人要求的重要抓手。加快高校与企业协同，要着重培育校企"双师型"思想政治工作队伍。通过建立校企战略合作网上协议，构建同步、智能、交互的产、学、研三位一体育人网络，为学生学习、实习、就业搭建大数据网络平台，共建"创客空间"、孵化园、实验室、联合培养实验班等项目，加强人才培养、科研项目、技术攻关深入联合，结合企业科普实践、技术创新、文化价值、发展历程、创业名人、行业模范,强化大学生思想价值观教育。大数据背景下校企协同育人要重视大学生分类定制培养,统筹大学生理论和实践、校内与社会、第一课堂与第二课堂多种教育资源,共享优质数据、智库、平台、技术、行业、资产,促进课堂育人与实践育人在内容、作用方式、效果等方面的反馈互补,创造性地把高校思想政治工作与行业领军人才需求进行精准化的前端对接,让理论与实践在校企合作中"打结",全方位培养大学生思维创新、实践技能、专业素养、学科兴趣、团队精神、社交方法、求职技能、职业规划意识、应变能力等。最后,构建学校政府协同育人队伍。政府对高校思想政治工作既有"管""引"的责任,又有参与、协助、配合的义务。在全球智能、创新、颠覆、互联、开放的大数据浪潮下,政府应当加快健全数据开放、共享、安全标准体系,建立政务数据与高校思想政治工作的多联结通道,将黏性强、契合度高、价值大的数据向高校开放,加速有效数据在思想政治工作中的传播、转换。同时教师和政府人员要通过政策协商、决策分享、监督联动、评价共识、方案共建、责任同担、对象共教建立工作契合点,为大学生提供基层挂职、顶岗实习、支教扶贫的专业化、精准化对接服务,既要发挥好政府对高校思想政治工作的引导、管理、监督、调控、激励作用,又要运用政务工作的专业性、严谨性、服务性育人育心。

三、搭建多式聚合的协同育人平台

(一)搭建精准化教学平台

大数据的核心价值在于用数据本身的逻辑过程揭示规律、研判趋势、提供方案,从而实现价值变现。加速大数据在高校人才培养工作的植入,构建思想政治工作大数据教学平台,既是回应大数据革命之时代必然,更是探索思想政治工作协同育人自我发展路径的需要。高校大数据教学平台依托学生信息数据库、用户画像系统、智能评价与反馈系统支持,体现数据收集与验证—算法建模—内容供给—学情反馈的运行逻辑和管理思路。搭建高校思想政治工作大数据精准化教学平台主要运用大数据实时记录、精准分析、高速运算、自主智能的特点和优势,为教育教学提供先进的技术载体和手段,从而更好地协同主体、资源、平台同步运转。数据抓取和采集是教学平台运行的第一步,高校可以借助摄像头、传感器、电脑等设备,用大数据抓取、语音识别、图像识别、物联网等技术实时采集、追踪、记录大学生网络访问和交互信息、面部表情、语音语调、姿势行为等各项数据和指标,将采集得到的异质非结构化数据进行清洗、提取、解析、转换、验证,再将处理完的数据根据预定设置的标准和路径生成学生个体"数据仓库",无数个"数据仓库"排列组合构成学生信息大数据系统,被存储的数据构成大数据精准化教学平台服务模型的原初资产和基础性支撑。大数据的本质就是个性定制、精准服务,学生数据被精准分类、快速整合后,基于关联分析和聚类分析,思想政治工作大数据系统快速锁定大学生所有相关信息词条,用个性化标签的集合构建大学生用户学习画像和可视化模型。这样,教师从用户画像中洞察出不同年龄层次、不同专业类别大学生学习习惯、兴趣、偏好、规律、需求的差异性和特殊性,科学研判其思想和行为发展趋势,提供与之相适应的教学环境、视频、课程及配套PPT等教学设计,凸显网络资源的思想道德教育价值效应,形成在线学习与课下学习模式良好对接、互动、平衡关系,在大学生个体的纵深发展上实现个性化的挖掘。高校要完善大数据教学平台教学评估模型设计,通过对学生不同课程表现数据的同步跟踪、切换、查询,数字化掌握大学生学习进度,基于大数据算法模拟和计算公式,从各项量化指标变动感知学生行为、心理、情绪的多维度动态变化,自动检测大学生学习效果,生成学习报告,协助教育者对思想政治教育教学效果进行反馈,针对性地给予学生个体"个性化"学习纠错指导,让教学表达与学生需求协同联动,更有效地引导大学生的思想发展、价值形成与素质提升,提升思想政治工作的科学性与实效性。

(二)搭建信息化管理平台

得益于大数据科学发展,"数据驱动管理"成为今后高校思想政治工作管理的主要方式和样态。进一步提升管理要素在协同育人系统中的供给服务能力,要加快建设高校信息化管理平台,建立教务、学工、党委、团委、后勤、就业等部门参与的网络化、智慧化协同管理模式,推动大数据理论与管理实践相结合,建构灵活的云服务模式,提升管理速度和质量。学生思想工作、教职工、后勤、科研、财务、设施、党团管理相互牵连、密不可分。面对大数据时代高校思想政治工作管理变革,要科学运用大数据建构高校信息化管理云平台,将大数据技术嵌入高校课堂教学、学生生活、交友实习、舆情管控、科研项目、基础设施等方方面面,落实科学性、安全性、规范性等要求。课堂是高校思想政治工作协同育人的主渠道,应当强化大数据平台对课堂的信息化管理,建立由大数据、物联网、电子摄像头、监控器、教学APP组成的信息传输链条,形成课堂数据流闭环管理,将学生课堂出勤、答疑、作业、上课状态数据编辑存档,自动编辑电子助教手册、课堂云方案,协助思想政治工作者进行课堂教学管理。大数据时代学生思想教育如何能够真正育人育心,关键在于高校的信息化管理是否能帮助化解学生的疑难困惑。高校信息化管理平台要强化预警机制,赋予教师、系统管理员、辅导员、班主任以数字身份,以随时获取学生数据和进行学生信息交流、比对、检验,及早发现大学生思想、心理、健康、行为问题苗头,建立预警学生名单,分学院、分年级将预警学生对接到具体的教师,进而对学生行为进行精准介入、干预,提供相应的援助和指导,将大数据思想政治工作信息化平台对学生思想关怀帮扶工作的关口前移。针对校园易发的舆情危机、校园安全事故,用大数据即刻预警、溯源追踪、评估影响,监控舆情发酵速度和演变态势,并以及时、有效、安全的措施管控和化解危机;针对校园资金、仪器设施、教室自习室、备用物资、图书馆藏书文献管理,要建立专门的资源管理数据库,采用数字编码、条形码方式等实行信息化存档、分类、监控、流转、调配。强化信息化管理平台在科研实验中的应用价值,是推进科研育人步伐的关键。大数据环境下,高校科研实验要从信息技术入手,用大数据对科研项目的可行性和价值性进行智能评估,整合科研资源均衡分配,运用智能数字手段对科研数据、实验结论、论文成果进行检验评估,充分发挥数据方法和信息化手段在科研管理中的作用,更好实现科学研究在推动大学生专业素质、学术素养、学术伦理培养方面的价值迁移。为保障高校思想政治工作相关数据安全，高校要运用电子身份、数字加密、隐藏等技术，加强对师生隐私数据、机密数据、价值大的数据的特殊管理，并且要建立数据应用的电子许可证和电子监督，确保数据在法理和伦理的限度内被应用。

（三）搭建智慧化服务平台

大数据搭建了高校思想政治工作功能多元、即时调控、信息共享、人机交互的协同育人平台，不仅推进了精准教学、信息管理，更优化、扩展、升级了思想政治工作智慧服务功能。基于大数据提供的外部场域、实践逻辑、技术手段，建设高校思想政治工作协同智慧服务平台能进一步提升服务在育人过程中的价值，完善高校教育服务体系。在大数据时代，高校要将思想政治工作服务向智慧化、信息化、网络化方向倾斜，精准、及时、全面满足大学生群体的多元化服务需求。大数据分析可以及时、真实地反映人的精神需要，根据工作对象需求差异，协同其他主体和资源，升级思想政治工作协同育人服务内容，是高校协同育人提质增效的必然要求。高校要深化思想政治工作智慧化服务平台建设意识，多渠道传播、多平台展示、多形式供给思想政治工作服务，增强大学生获得感。网络知识服务模式使大学生学习的时间和空间产生了分离，其学习、生活的主要场域正在从线下向网络空间转移。高校思政工作者要敏锐捕捉和利用这一表征，加快建设线上服务平台，为大学生提供智慧、精准、人性的学习服务。依托大数据技术和万物互联的网络平台，连接学校数字图书馆、慕课、在线学堂、微课、爱课堂、学习通、思想政治工作网站等线上平台，供给实时在线课程点播、讲义下载、课堂答疑、随堂测试、习题交流、小组讨论、头脑风暴、考前辅导等学习服务，真正建立以服务平台为载体、以知识为介质、以育人为目的的师生共融、共通、协同学习模式。除知识学习外，高校思想政治工作智慧化服务平台还应当从数据识别、用户标签中发掘当代大学生特殊的交友、情感、活动、健康、文化艺术、学科竞赛、考证考研等其他需求，以进一步加强服务平台的功能整合、系统管理、信息互动，增强平台供给能力，拓宽服务领域，增加交友礼仪、舒压小技巧、考证考研经验分享微信推文，举办线上摄影、诗文朗诵、英语写作、数字音乐会、学术征文等比赛，提供个人健康监测、心理测试与专人辅导服务，建成融活动、文化、科研、服务、网络、心理多种元素协同育人的智慧服务模式。除此之外，高校要加快大数据精准资助服务在平台的内嵌，提升高校思想政治工作资助育人效能。利用大数据收集到的大学生生源地、家庭经济、助学贷款申请、一卡通消费、网上购物、外卖点餐、通信缴费、图书借阅、勤工俭学等数据痕迹，精准识别贫困生，然后基于量化标准进行计算，根据其贫困级别、致贫原因、资助方案分类细化资助对象，建立贫困学生档案数据库，为不同等级层次和需求特点的贫困学生分别设计定制化资助体系和方案，协同助管、助学、助教、助研岗位实现物质资助、能力资助、精神资助协同一体。

四、构建多层贯通的协同育人体系

(一)构建思政课程与课程思政相统一的课程体系

"思政课程"到"课程思政"的转向,为构建全员、全课程的大思政教育体系供给了新的思路。对此,高校要拓宽学生思想价值引领的课程边界,延伸思想政治工作的学科、载体、队伍、方法、内容外沿,促使其他各门课程与思政课同向共育、合力共为,形成"大思政"共同体。大数据背景下,要加快其他课程与思政课内容互补、结伴同行、共享发展,构建思政课程与课程思政相统一的课程体系。"课程思政"不等同于"思政课程",促进"思政课程"与"课程思政"内容互补,不是把两套课程内容同质化或简单拼凑,而是在坚持思政课程为轴心的前提下,其他课程的教学大纲、目标、任务、教案设计、课堂互动、课程考核要参照思政课程的规律和逻辑,注重突出其课程的隐性育人价值。尤其在课堂教学中,教师要善于运用大数据对教授课程中的思想政治教育资源进行抓取、定位、定性分析,建构该课程的德育资源运用可视化模型,让教师明白应该补充以及延伸哪些内容,通过什么方式、语言、案例对专业课和通识课内容进行加工改造,以滴灌渗透方式在学科的专业知识、素养情怀、技能要求、学科精神中渗入学生思想价值引领与道德教育,与思政课程在内容生态上形成良好的互动与互补。"课程思政"与"思政课程"任何一方超前或滞后都会影响思想政治工作整体发展以及协同育人效果。思政课程具有时代性和发展性,"课程思政"中其他课程的建设也要与思政课程同步同行,主动关注、学习、践行中央对"课程思政"的要求,根据思想政治工作在大数据时代下的新形势、立德树人新变化,修订课程设计,凸显新时代育人新貌;调整内容编排,融入当代中国故事;更新教学信息技术应用,凸显教育时代感,同时要运用直观、活泼、新颖的形式,优化其他课程教育服务感官体验性,促进其他课程要素、内容、方式、过程、结果与思政课程的同频共振、结伴而行。在大数据、云计算、新媒体视域下,学科分工被细化,网络数据和知识生产不断更新,知识处理的时间被无形挤压,使得教师越来越依赖于现成的知识供给和资源共享。"课程思政"背景下,高校思想政治工作要巧借大数据技术为其他学科和课程与思想政治理论课的优质课程资源、思想道德资源、师生数据、教学方法、技巧经验的共享搭建渠道,促进优质课程资源在时空维度上的传播和共享,形成课程思政专门化结对制度和常态化共享机制,从点、线到面,从局部到整体,通过共享实现双赢,既有效促进思政课程从其他学科的学理和思维中汲取营养,又进一步推动"课程思政"建设。

(二)构建社会实践与创新创业相融合的实践体系

思想政治工作解决思想问题的同时,更要解决实际问题,思想政治工作解决实际问题的最好方式就是实践。因此高校要重视建设思想政治工作实践体系,发挥好实践育人的作用。协同育人现时性下，构建思想政治工作社会实践与创新创业相融合的实践体系是高校思想政治工作的发展性路径之一。社会实践和创新创业同为大学生融入社会、认识现实、培养社会责任感、创新思维、发现新知的重要途径，是马克思主义认识论在当代大学生身上的鲜活体现。大数据时代促进高校思想政治工作实践育人转型与适应，要发挥数据"催化"作用，加快社会实践与创新创业在目标、思维、过程方面的融合，使二者从内在机理到外在形式形成"默契"，建立体验式、感受性、综合性实践育人体系，让高校大学生在学和用的统一中成长成才。高校组织大学生参与社会实践活动在于通过知与行的转换和迁移，把理论思考转换为行动自觉，在身体力行中提升理论认知，将其深化为自身的价值标准和道德准则。而高校鼓励大学生创新创业旨在发挥大学生自身在创新创业项目中的创造力、自主性、事业心，强化大学生的敢于创新、积极进取、自力更生、终身学习的观念意识和能力。从本质上看，社会实践和创新创业其目标的共同性在于实现大学生理论解释实践与实践升华理论的双向驱动，促进知行统一。大数据视阈下高校思想政治工作协同育人要深刻认识社会实践与创新创业育人目标的共生性联系，立足于大数据时代高校实践育人的基本要求，在社会实践目标中融入大学生创新意识、知识、能力、人格培养要素，注重实践教育与大数据、云计算、5G、人工智能等新科技生态协同。同时视大学生创新创业为社会性和科学性实践活动，将拓宽专业知识范围、提升认识与服务社会的能力、强化社会责任感等培养内容融入创新创业育人的目标体系。随着大数据在高校思想政治工作中嵌入加深，高校应当进一步促进社会实践与创新创业在思维上的融合。例如引导学生实践部、校共青团委、就业部门、学生社团、创业指导中心的负责教师主动将大学生社会实践与创新创业看作实践育人的一体两面，有意识强化社会实践与创新创业在主体、内容、信息、资源、活动、平台、评价等方面的协同，依托大数据、新媒体、互联网创新实践育人协同服务形式。高校要有意识培养大学生跨界学习的思维意识，要在社会实践与创新创业的统一中增长才干、服务社会，更要向探索精神、大胆革新、敢于批判、追求创新等人格特质的养成迁移。社会实践与创新创业作为时间意义上的可持续性活动，促进两者在过程中的融合至关重要。在活动过程中，高校要与企业达成合作关系，坚持生产活动、志愿服务、基层锻炼、调查实验与创业发展、科技发明相结合，设立社会实践与创业联合基地、研修基地、众创空间、示范项目、前沿工程等。教师应基于大数据模型分析和情况预判，编制社会实践与创新创业计划和操作规程，分类定制融社会服务与创新创业双向指标为一体的学习任务、管理体系、考核体系，强化大数据在实时考核、大学生实践成绩测评和创新表现中的应用，并开展个性指导，从数据应用中提升实践育人创造力和创新力。

（三）构建教师管理与自我管理相结合的管理体系

大数据推动了高校思想政治工作管理体系与管理能力的现代化变革，拓宽了大学生管理主体、方式、路径的范畴，学生从管理对象向管理主体与对象双重身份转变，管理方式从权威硬性约束向民主服务引导转变，管理路径从单向执行向双向协同转变。高校思想政治工作管理主体应当顺应大数据时代管理发展趋势和特点，注重开发大学生自身的强大自治功能，促进教师引导与学生自治、学生成长和教师发展协同。大数据时代下，教育者和受教育者之间的关系更多表现为互动对话性的存在，因而教师应当转变管理观念、角色、方法、模式，更多充当引导者和服务者身份，鼓励大学生共同参与大学生群体的学习、生活、情绪管理，培养学生自我管理的自主意识和独立能力，从自我管理实现"自育"。加强大学生的学习管理，教师要善于用大数据找准大学生不愿学、不会学、学不懂的痛点难点，建立分层化、立体式学习管理体系，注意管大放小、管主放次，编制学习计划、内容、课堂纪律、考评方式方案并通过教学 APP、QQ 群、微信群等公布。教师应当分工授权班长、学习组长部分管理职责，引导他们对部分违反课堂纪律的同学进行指导、提醒、劝导，使其养成严格的学习自律和良好的学习习惯。大数据时代教师与学生联系和沟通已经不仅局限于学习领域，更涉及生活、交友、运动等日常细节，教师应当借助网络平台密切与大学生的生活沟通，以隐性、间接、无痕的方式介入学生生活管理，通过向其传授学习经验、生活贴士、人生哲理等，积极带动大学生形成乐观向上的生活态度。同时校院两级学生会、研究生会、学生社团共同开设微博账号、微信公众号，进驻短视频、直播平台，构筑思想政治工作协同育人"微阵地"，协同学生志愿者在微平台上开展生活常识、交友建议、消费指南、运动健康、医疗急救知识、科学哲学、人文历史、对外交流相关讲座或竞赛。班委干部、学生党员、寝室长应当发挥模范带头作用，加强对身边同学的生活关心与指导，帮助大学生形成健康的生活方式、习惯、态度。正处于成长敏感期的大学生其情绪容易受到外界影响并产生波动，甚至形成心理困扰或心理疾病。解决这一问题，高校思想政治工作教师要准确掌握生理大数据在人类情绪识别中的运用分析，客观、准确知悉大学生情绪状态和矛盾点，开设心理健康咨询网络热线、互动专区，及时在网络平台上对学生进行专业心理辅导。同时，大学生朋辈群体要以情感鼓励、能量转移、换位思考等方式，主动帮助大学生提升情绪自我管理、调整、纾解的能力，实现生生协同育人，增强大数据下高校思想政治工作的思想"黏性"和价值引领功能。

五、建立多元联动的协同育人机制

（一）建立运行高效的激励机制

激励是提升高校思想政治工作协同育人效果的直接手段，其通过特定的方法体系对主体、客体施以外部刺激，使受激励对象在心理、价值观、行为层面产生正向改变，进而实现育人育心。随着大数据变革步伐的加快，高校应当积极探索思想政治工作协同育人激励机制的重构路径，创造性运用大数据激励思维和激励方式，提供个性化、精准化、多元化教育激励，激发"人"作为要素的巨大潜能和内驱动力，创造思想政治工作协同育人最大活力。

大数据时代高校思想政治工作协同育人激励目标的确立——激励内容的组织——激励方式的实施更加凸显差异、关联、清晰特质。一方面要立足于国家人才培养目标和社会需求，根据大数据时代思想政治工作的现实变化，重视激励目标与高校思想政治工作数字化变革、信息化建设、协同式育人理念的深度融合，保证激励政策与高校思想政治工作协同育人顶层设计相适应。另一方面要根据大数据统计揭示的教师和学生阶段性主导需求和个人特质的差异性，分群体、分阶段、分学科为教师和学生设置合理适当的激励目标，用激励目标的牵引和督促作用促使教师提升思想政治工作协同育人的主动性，使学生在思想政治理论学习方面形成良好的自我激励意识，让激励目标与高校思想政治工作主体客体产生"化学反应"。高校应当利用大数据工具"绘制"激励内容体系，用优质的内容为师生服务。大数据"用户画像"功能可以设计激励对象的标签体系，经进一步分类细化获得一级、二级内容标签。理论特质和实践特质构成了教师的一级激励标签，理论特质下的二级激励标签涵盖大数据高校思想政治工作协同育人主体的理论学习、认识、思维、热情、兴趣、创意、直觉、冒险精神和知识野心等，实践特质二级激励标签涵盖将大数据运用与高校思想政治工作的技能、方法、经验、成果等，从标签映射中"绘制"专门针对教师的激励内容方案。对于工作对象大学生而言，大数据将与个人相关的散乱、碎片数据整合为结构化的系统，利用云端技术进行定向挖掘和分析，"绘制"由专业兴趣、课程表现、价值观念、社交准则、信息素养、道德偏好、心理素质、政治信仰、情感需求、法律意识、人文情怀等构成的多维度激励内容标签，形成与不同大学生个体的学习、工作、生活相适应的多方位激励内容系统，保障"全方位育人"。激励机制能否发挥良好效果，关键在于其运用的方式和手段是否高明，这要求高校必须优化思想政治工作协同育人过程中的激励方式。大数据可以轻松从教师的教学完成量、学生成绩、科研成果、学生就业、学生毕业论文质量，智能生成教师思想政治工作协同育人"KPI"，推导出教师德育效果，再针对不同教师区别采用课程评价、职务晋升、职称评聘、评优评奖、项目支持、课题申报、访学机会等个性化激励方式。对于大学生来说，大数据技术可根据大学生多样、海量、异构的数据结合可视图表，直接解构出大学生个体在思想政治素质方面的强影响力要素和最欠缺的要素，从而采取相应的激励措施，如奖学金评定、三好学生、班干部、优秀毕业生评选、党员推荐、校规班规、实习保研、出国机会等多种方式，在主体激励与客体激励、主动激励与被动激励、物质激励与精神激励、显性激励与隐性激励等激励手段和措施中设计最优组合，充分利用思想政治工作有利条件，促使大学生道德观、政治观、价值观往好的方向转化。

（二）建立导向鲜明的评价机制

大数据的核心在于评估和预测。大数据的应用引领高校思想政治工作评价机制的数字化创新，进一步优化了高校思想政治工作协同育人的评价模型、过程路径和反馈路径，形成了人才培养评价考核新范式。大数据评价从量化数据中客观、全面、精准、动态反馈高校协同育人的成效和存在问题，相比文字、考试、问卷考核构成的评价机制，其反馈出的信息更加直观、高效、客观且蕴含更加丰富的价值，从而促进协同育人服务方案的科学化完善。

大数据时代高校思想政治工作协同育人评价应当在数据理性支撑下，以"人"为价值核心设置评价模型。每个大学生都属于个性完全独立且不同的个体，其教育、生活、消费、信用数据差异化呈现的背后也有家庭、文化、专业、经历、智力、情商的不一，因而其思想政治表现评价体系、参考标准、评价方案、评估模型的设置也要因人而异。大数据评价基于大学生日常出勤、小组讨论、随堂测试、上机考试、生活行为等数据统计建立数据库，对照不同客体其成长环境、学习环境、个性特点、接收能力的差异化，精细考量、个性设置大学生各项评价指标，形成完整的评价模型，构筑科学、客观、精准、个性的思想政治工作协同育人准备性评价体系。高校思想政治工作协同育人应当创新大数据评价机制的过程路径，提升评价过程的发展性价值。大数据实时、动态、可视的特性，实现了对教师协同育人实施过程和学生学习效果的连续性动态比较分析，为思想政治工作决策的改进提供可用参考。高校思想政治工作协同育人实践过程中的数据不断被生成，又不断被解析，从直观图表中诊断出评价对象存在的长期性、阶段性、偶然性问题并研判其潜在风险，通过思想政治工作育人主体的行为介入、管理、调节、优化，为评价对象提供科学指导和精准帮扶。在这个过程中，教师要学会运用知识启发、案例引导有意识培养大学生自我评价、自我督促的习惯，促进他评与自评的结合。大数据评价应用归旨在于改进、推动、提高思想政治工作协同育人的效果，其中必不可少的过程就是评价反馈。高校应完善思想政治工作协同育人大数据评价机制的反馈路径，考量评价机制建立——实施——结束各大环节的关联关系，从全局考量思想政治工作实践过程，整体评估、检验受教育者的思想、心理、价值观样态变化。利用大数据便捷的交流平台，密切思想政治工作主体的共商共议，从多维度和视角对思想政治工作协同育人效果程度给出正确的结论评价，研究当前取得的工作结果与实现大学生全面发展的价值目标之间的差距，建构现实性、预见性、发展性建议并反馈到思想政治工作协同育人思路、内容、方法、载体的优化上。

（三）建立支撑有力的保障机制

大数据时代高校思想政治工作协同育人的内容、规模、价值、影响与传统模式的分离已经达到一定层次、程度，必须借助新的保障机制提供支撑和服务。尤其大数据浪潮下大学生信仰和价值取向的多元化加剧了协同育人过程的风险，然而制度保障、组织保障、信息安全保障与思想政治工作发展速度的不同步，大大影响了育人效果。因此高校应当加强保障机制建设，用技术、环境、秩序、制度保障和支持教育工作的实施以及人的合理与合法性需求得到满足。

制度保障贯穿思想政治工作宏观设计、细节落实、问题反馈协同育人全过程，在高校思想政治工作保障工作中具有关键主导地位。推进大数据在高等教育领域的应用层次创新，应当着力加强顶层设计，以制度的形式确立大数据收集、共享、应用的具体规范，针对大数据信息技术在高校思想政治工作协同育人领域的应用开发加快建制立规，推进二者融合视角、理路、方式、方法、载体进一步清晰化、规范化，强化制度设计与技术发展同步同行，提升大数据解释、解决思想政治工作协同育人相关问题的能力。同时应加强建设学校、家庭、社会等主体共同参与的协同育人制度，将师资培训、内容编织、平台搭建、技术开发、资源共享、优势创造、经验推广形成统一标准的制度，促使形成高校牵头、各方参与的思想政治工作共建共享机制。组织群体是筑牢高校协同育人阵线的主体力量，其建设效果事关高校思想政治工作的设计、实施、监督和反馈。高校应当设置思想政治工作协同育人专门负责机构，由校党委书记和分管学生思政工作的副校长联手负责思想政治工作的方向指导和全局规划，从育人大格局确立思想政治工作协同育人目标规划，设计内容方案，明确效果评估条件和细节，用大数据优化协同育人调控方式、协商机制、监督机制、反馈机制等，为思想政治工作提供系统保障。学生思想政治工作部、二级学院党委副书记、共青团、党支部、组织部、宣传部、学生社团、学生会等是思想政治工作协同育人重要的内部供给力量，要积极组建由以上要素共同参与的思想政治工作小组，定期召开主题会议，组织工作交流和参观学习，加强校内各类育人群体之间的紧密配合。通过设立校外联系合作组织，强化高校与家庭、政企、社会名人、著名校友、学术大咖、网络"大V"等外部力量的长期合作机制，通过上下协调、内外联动，打造全员育人矩阵，激活协同育人多维路径。大数据作为技术和工具，在给人类制造惊喜的同时，也带来了数据泄漏、数据丢失、隐私侵犯、数据伦理、版权争夺等信息安全问题，加剧了高校思想政治工作生态的复杂性和不安全性，加强高校思想政治工作协同育人信息安全保障机制建设刻不容缓。高校作为数据管控和保护的责任主体，从技术上应当制定严格的思想政治工作平台访问协议，采用技术加密对教职工、学生的个人信息账号予以管理，建立密码认证、手机认证、问题认证等为一体的防护协议，运用大数据检测、识别、分析技术对外来访问用户进行数字身份检测，健全非法侵入者实时预警、拦截、举报机制，智能保护思想政治工作协同育人平台的关键和敏感数据。同时，还要完善大数据时代思想政治工作信息数据内容扫描、过滤萃取、传输加密、安全情报技术，确保高校网络思想政治工作协同育人资源的安全存储、传输、共享，防止数据被盗窃、篡改、删除。必须关注的是，信息安全保障关键在于对人行为的规范，要健全大数据思想政治工作协同育人法理和伦理规约机制，对思想政治工作主体的数据采集、交换、使用行为建立明确的许可范围和准则，从而确保高校思想政治工作实践在大数据法理和伦理的规约之下，追求促进人全面发展的价值目的。

参考文献

[1] 赵晓春.互联网时代高校思政课翻转课堂的理论与实践[M].南京：南京师范大学出版社，2020.

[2] 曹东勃.新时代高校思政育人探索（第2卷）新理论·新实践[M].上海：上海财经大学出版社，2020.

[3] 蒋中华.成人高校课程思政的实践研究[M].成都：西南交通大学出版社，2020.

[4] 文学禹，韩玉玲.新时代高校课程思政教学创新研究[M].长春：吉林大学出版社，2020.

[5] 岳宏杰，郑晓娜.高校课程思政和思政课程同向同行问题研究[M].沈阳：东北大学出版社，2020.

[6] 崔戴飞，徐浪静.高校德育成果文库 思政活动课程建设案例集：有爱篇[M].北京：光明日报出版社，2020.

[7] 陈华栋.课程思政：从理念决不能实践[M].上海：上海交通大学出版社，2020.

[8] 楚国清，孙善学.课程思政"三金"优秀教学设计案例[M].北京：首都经济贸易大学出版社，2020.

[9] 张瑞瑛.为梦想插上翅膀——大学体育课程思政教程[M].沈阳：东北大学出版社，2020.

[10] 顾晓英.媒体中的我们——聚焦上海大学课程思政2014—2019[M].上海：上海大学出版社，2020.

[11] 张晖.新时代农林高校思政课改革创新研究[M].北京：中国农业大学出版社，2019.

[12] 李慧.高校思政教育视阈下的婚姻家庭教育研究——大学生婚姻家庭教育[M].长春：吉林文史出版社，2019.

[13] 朱移山.新时代高校思政课教师的追求与探索[M].合肥：合肥工业大学出版社，2019.

[14] 叶勇，康亮.新时代高职院校工科专业课程思政教育探索[M].成都：西南交通大学出版社，2019.

[15] 王静.构建外语院校特色思政工作体系的理论思考与实践探索[M].北京：光明日报出版社，2019.

[16]赵冰梅，曲洪波.思政课落实创新计划背景下的"概论"课教学改革探索[M].沈阳：东北大学出版社，2016.

[17]李宇卫.普通高校思想政治理论课实践教学概述[M].成都：西南交通大学出版社，2016.

[18]崔戴飞，作浪静.思政活动课程建设案例集：有爱篇[M].北京：光明日报出版社，2019.

[19]孟莉.网络舆情 高校思想政治教育工作的新视域[M].合肥：合肥工业大学出版社，2016.

[20]陈晓云.高校思想政治理论课教师的角色冲突——场域理论视域下的高校思政课教师发展研究[M].上海：上海三联书店，2019.

[21]王长民.铸就信仰 高校思政课教学创新[M].南京：南京师范大学出版社，2017.

[22]甘玲.践行渐悟——高校思政课实践教学的探索与实践[M].燕山大学出版社，2017.

[23]于乐.落实全国高校思政工作会精神切实发挥网络文化的育人功效 电子科技大学网络文化建设理论与实践研究2016—2017年度[M].成都：电子科技大学出版社，2017.

[24]操国胜、郑龙发、檀向群、张桃红.经营思政课：地方高校的探索与实践[M].合肥：合肥工业大学出版社，2017.

[25]杨章钦，徐章海.思政理论课教学改革与大学生思政教育互动研究[M].上海：上海财经大学出版社，2017.

[26]刘利，潘黔玲.互联网+视域下思政课教学理论与实践发展研究[M].长春：吉林大学出版社，2017.

[27]李雪萍.高校思想政治教育的理论与实践[M].北京：中央编译出版社，2016.

[28]刘晓娟.高校网络文化研究[M].长春：吉林大学出版社，2017.

[29]童文胜.高校学生事务管理工作研究与思考[M].武汉：华中科技大学出版社，2017.

[30]王顺洪.高校新媒体发展案例选编[M].成都：西南交通大学出版社，2017.